D1329189

leslie

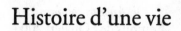

Histoire d'une vie

Du même auteur

L'Immortel Bartfuss
Éditions Gallimard, 1993

Katerina
Éditions Gallimard, 1996

L'Amour, soudain
Éditions de l'Olivier, 2004

Le Temps des prodiges
Le Seuil, «Points» n° 1259

Tsili
Le Seuil, «Points» n° 1258

AHARON APPELFELD

Histoire d'une vie

traduit de l'hébreu
par Valérie Zenatti

ÉDITIONS DE L'OLIVIER

L'édition originale de cet ouvrage est parue
aux éditions Keter (Jérusalem) en 1999,
sous le titre *Sippur ḥayim.*

ISBN 2.87929.439 8

© Aharon Appelfeld, 1999.

© Éditions de l'Olivier / Le Seuil
pour l'édition en langue française, 2004.

Le Code de la propriété intellectuelle interdit les copies ou reproductions destinées à une utilisation collective. Toute représentation ou reproduction intégrale ou partielle faite par quelque procédé que ce soit, sans le consentement de l'auteur ou de ses ayants cause, est illicite et constitue une contrefaçon sanctionnée par les articles L. 335-2 et suivants du Code de la propriété intellectuelle.

Préface

Les pages qui suivent sont des fragments de mémoire et de contemplation. La mémoire est fuyante et sélective, elle produit ce qu'elle choisit. Je ne prétends pas qu'elle produit uniquement le bon et l'agréable. La mémoire, tout comme le rêve, saisit dans le flux épais des événements certains détails, parfois insignifiants, les emmagasine et les fait remonter à la surface à un moment précis. Tout comme le rêve, la mémoire tente de donner aux événements une signification.

Dès mon enfance j'ai senti que la mémoire était un réservoir vivant et bouillonnant qui me faisait palpiter. Tout petit, je m'isolais pour me représenter les vacances d'été chez les grands-parents. Je restais assis des heures près de la fenêtre, je revoyais le voyage qui nous avait conduits vers eux. Tout ce dont je me souvenais des vacances précédentes refaisait surface et se dévoilait à moi de façon plus stylisée.

La mémoire et l'imagination vivent parfois sous le même toit. Durant ces années mystérieuses, elles semblaient concurrentes. La mémoire était réelle, solide, d'une certaine façon. L'imagination avait des ailes. La mémoire tendait vers le connu, l'imagination embarquait vers l'inconnu. La mémoire répandait toujours sur moi douceur et sérénité. L'imagination me ballottait de droite à gauche et, finalement, m'angoissait.

Plus tard j'appris que certaines personnes ne vivent que par la force de l'imagination. Mon oncle Herbert était de celles-là. Il avait hérité de biens importants mais, comme il vivait dans le monde de l'imagination, il les dilapida et se ruina. Lorsque je fis sa connaissance, il était déjà pauvre, subsistant grâce à la charité familiale, mais même misérable il ne cessa d'imaginer. Son regard était planté au-delà de vous, et il parlait toujours de l'avenir, comme si le présent et le passé n'existaient pas.

Les souvenirs d'enfance, lointains et enfouis, sont étonnamment clairs, en particulier ceux qui sont liés aux montagnes des Carpates et aux larges plaines qui s'étendent à leurs pieds. Durant les dernières vacances d'été, nous avions arpenté ces montagnes et ces plaines avec une nostalgie terrifiée. Comme si mes parents savaient que c'étaient là les dernières vacances, et que désormais la vie serait un enfer.

J'avais sept ans lorsque éclata la Seconde Guerre mondiale. L'ordre temporel s'en trouva bouleversé, il n'y eut plus d'été ni d'hiver, plus de longs séjours chez les grands-parents à la campagne. Notre vie fut comprimée dans une chambre étroite. Nous restâmes un temps dans le ghetto et à la fin de l'automne nous fûmes déportés. Nous passâmes des semaines sur les routes, pour arriver finalement au camp. De l'évasion, je parlerai en temps voulu.

Durant la guerre je ne fus pas moi. Je ressemblais à un petit animal qui possède un terrier ou, plus exactement, plusieurs terriers. Les pensées et les sentiments avaient rétréci. En vérité, une interrogation douloureuse s'élevait parfois en moi – pourquoi et à quelle fin étais-je resté seul ? –, mais ces questions s'évanouissaient dans les brumes de la forêt, et l'animal qui était en moi revenait m'envelopper de sa fourrure.

Je me souviens très peu des six années de guerre, comme si ces six années-là n'avaient pas été consécutives. Il est exact que parfois, des profondeurs du brouillard épais, émergent un corps sombre, une main noircie, une chaussure dont il ne reste que des lambeaux. Ces images, parfois aussi violentes qu'un coup de feu, disparaissent aussitôt, comme si elles refusaient d'être révélées, et c'est de nouveau le tunnel noir qu'on appelle la guerre. Ceci concerne le domaine du conscient, mais les paumes des mains, le dos et les genoux se souviennent plus que la mémoire. Si je savais y puiser, je serais submergé de visions. J'ai réussi quelquefois à écouter mon corps et j'ai écrit ainsi quelques chapitres, mais eux aussi ne sont que les fragments d'une réalité trouble enfouie en moi à jamais.

Après la guerre, j'ai passé plusieurs mois sur les côtes italienne et yougoslave. Ces mois furent ceux d'un merveilleux oubli. L'eau, le soleil et le sable nous pétrissaient jusqu'au soir, et la nuit nous nous asseyions près du feu, nous faisions griller des poissons et nous buvions du café. Sur les plages erraient des êtres que la guerre avait façonnés: musiciens, prestidigitateurs, chanteurs d'opéra, acteurs, sombres prédicateurs, trafiquants et voleurs, et aussi des enfants artistes de six ou sept ans que des imprésarios sans scrupule avaient adoptés et trimballaient d'un endroit à l'autre. Chaque soir il y avait un spectacle, parfois deux. L'oubli creusait alors ses caves profondes. Avec le temps, nous les transportâmes en Israël.

Lorsque nous arrivâmes en Israël, l'oubli était solidement ancré en nos âmes. De ce point de vue, Israël était le prolongement de l'Italie. L'oubli trouva là une terre fertile. Bien sûr, l'idéologie de ces années-là contribua à l'édification de cette forteresse, mais pour nous, l'ordre de se retrancher ne venait pas de l'extérieur. Parfois, des scènes de guerre réapparaissaient et réclamaient leur droit à l'existence. Il n'était cependant pas en leur pouvoir d'ébranler les fondations de l'oubli et la volonté de vivre. Et la vie disait alors: Oublie, fonds-toi dans le paysage. Les kibboutzim et autres centres pour adolescents étaient des serres merveilleuses dans lesquelles s'épanouissait l'oubli.

Pendant de longues années, je fus plongé dans un sommeil amnésique. Ma vie s'écoulait en surface. Je m'étais habitué aux caves enfouies et humides. Cependant, je redoutais toujours l'éruption. Il me semblait, non sans raison, que les forces ténébreuses qui grouillaient en moi s'accroissaient et qu'un jour, lorsque la place leur manquerait, elles jailliraient. Ces éruptions se produisirent quelquefois, mais les forces du refoulement les engloutirent, et les caves furent placées sous scellés.

Le tiraillement entre ici et là-bas, en haut et en bas, dura plusieurs années. Les pages qui suivent éclairent l'histoire de cette lutte, laquelle s'étend sur un front très large: la mémoire et l'oubli, la sensation d'être désarmé et démuni, d'une part, et l'aspiration à une vie ayant un sens, d'autre part. Ce n'est pas un livre qui pose des questions et y répond. Ces pages sont la description d'une lutte, pour reprendre le mot de Kafka, une lutte à laquelle toutes les composantes de mon âme prennent part : le souvenir de la maison, les parents, le paysage pastoral des Carpates, les grands-parents et les multiples lumières qui abreuvaient alors mon âme. Après eux vient la guerre, tout ce qu'elle a détruit, et les cicatrices qu'elle a laissées. Enfin les longues années en Israël : le travail de la terre, la langue, les tourments de l'adolescence, l'université et l'écriture.

Ce livre n'est pas un résumé, mais plutôt une tentative, un effort désespéré pour relier les différentes strates de ma vie à leur racine. Que le lecteur ne cherche pas dans ces pages une autobiographie structurée et précise. Ce sont différents lieux de vie qui se sont enchaînés les uns aux autres dans la mémoire, et convulsent encore. Une grande part est perdue, une autre a été dévorée par l'oubli. Ce qui restait semblait n'être rien, sur le moment, et pourtant, fragment après fragment, j'ai senti que ce n'étaient pas seulement les années qui les unissaient, mais aussi une forme de sens.

1

Où commence ma mémoire? Parfois il me semble que ce n'est que vers quatre ans, lorsque nous partîmes pour la première fois, ma mère, mon père et moi, en villégiature dans les forêts humides et sombres des Carpates. D'autres fois il me semble qu'elle a germé en moi avant cela, dans ma chambre, près de la double fenêtre ornée de fleurs en papier. La neige tombe et des flocons doux, cotonneux, se déversent du ciel. Le bruissement est imperceptible. De longues heures, je reste assis à regarder ce prodige, jusqu'à ce que je me fonde dans la coulée blanche et m'endorme.

Un souvenir plus clair est lié chez moi à un mot extrêmement long et difficile à prononcer, *Erdbeeren*, «fraises» en allemand. C'est le printemps. Ma mère se tient devant la fenêtre grande ouverte, je suis près d'elle, juché sur une chaise, lorsque soudain surgit d'une ruelle adjacente une jeune Ruthène portant sur la tête un panier rond et large rempli de fraises. «*Erdbeeren*», s'exclame Maman. Elle ne s'adresse pas à la jeune fille mais à Papa, qui est descendu dans la cour et se trouve non loin de la jeune fille. Papa arrête donc la jeune Ruthène, elle fait glisser le panier de sa tête et ils discutent un instant. Papa rit, sort un billet de la poche de son manteau et le tend à la jeune fille qui lui donne en échange le panier avec toutes les fraises qu'il contient. Papa monte les escaliers et rentre à la maison. À présent on peut voir de près: le panier n'est pas profond mais très large, les fruits sont petits, rouges, et exhalent le parfum de la forêt. Je souhaite ardemment tendre la main et en saisir une poignée, mais je sais que ce geste est strictement défendu et je me retiens. Maman semble comprendre ce que je ressens, elle prend une poignée de fraises qu'elle rince et me sert dans une coupelle. Je suis si heureux, je m'étouffe de bonheur.

C'est seulement à présent que débute le cérémonial: Maman répand du sucre en poudre sur les fruits, ajoute de la crème et sert une part de ce délice à chacun. Il n'est pas besoin d'en réclamer; Maman nous sert encore et encore et nous dévorons, comme si les fraises allaient disparaître. Mais il n'y a pas lieu de s'inquiéter, le panier est encore plein et, même si nous mangeons toute la nuit, la quantité ne diminuera pas. «Dommage que nous n'ayons pas d'invités», dit Maman. Papa émet un petit rire complice. Le lendemain aussi nous mangeons de larges portions, mais pas avec la même voracité, presque distraitement. Maman dépose le restant des fruits dans le garde-manger et je vois de mes yeux comment le fruit lumineux vire au gris puis pourrit, et cela m'attriste toute une journée. Cependant, le panier d'osier tressé de simples brindilles resta longtemps chez nous, et chaque fois qu'il s'offrait à mon regard, je me souvenais qu'il avait été posé sur la tête de la jeune Ruthène, telle une couronne rouge.

Plus clairs encore sont les souvenirs des promenades le long du fleuve, sur les chemins à travers champs et dans les prés. Parfois nous gravissons une colline et, une fois au sommet, nous nous asseyons pour contempler le paysage. Mes parents parlent peu et semblent aux aguets. C'est plus manifeste chez Maman. Lorsqu'elle écoute, ses grands yeux s'écarquillent, comme si elle désirait s'imprégner de tout ce qui l'entoure. À la maison aussi le silence est plus prégnant que la parole. De ces jours lointains et enfouis il ne reste aucune parole dans ma mémoire, seulement les regards de ma mère. Ils contenaient tant de douceur et d'attention à mon égard que je les sens aujourd'hui encore.

Notre maison est grande et compte de nombreuses pièces. Un balcon donne sur la rue et l'autre sur le jardin public. Les rideaux sont longs, ils effleurent le parquet, et lorsque la bonne les change une odeur d'amidon se répand dans toute la maison. Mais plus encore que les rideaux j'aime le sol, ou plus exactement le tapis qui le recouvre. Sur ses fleurs brodées je construis avec de grands cubes des maisons et des rues que je peuple d'ours en peluche et de chiens en plomb. Le tapis est épais et doux, je m'y enfonce de longues heures en imaginant que je voyage en train, traverse des continents et accoste au village de Grand-mère.

Penser que durant l'été nous nous rendrons au village fait remonter en moi, comme dans un étourdissement, le souvenir de notre précédent séjour, mais les scènes qui ont subsisté sont si atténuées qu'elles ressemblent à un rêve. Un mot pourtant est resté: *Misstama*. C'est un mot étrange, incompréhensible, Grand-mère le répète plusieurs fois par jour. Plus d'une fois j'ai failli demander sa signification mais je ne l'ai pas fait. Maman et moi parlons allemand. Parfois il me

semble que la langue de Grand-mère et Grand-père met
Maman mal à l'aise et qu'elle préférerait que je ne l'entende
pas. Un jour, j'ai pris mon courage à deux mains pour
demander: «Quel est le nom de la langue que parlent Grand-
père et Grand-mère?

– Le yiddish», chuchota Maman à mon oreille.

Les jours sont longs à la campagne et s'enfoncent profondément dans les nuits blanches. À la campagne il n'y a pas de
tapis, juste des nattes. Même dans la chambre d'amis une
natte est étendue. Lorsque le pied l'effleure, un bruissement
sec se fait entendre. Maman est assise près de moi et coupe
une pastèque. Au village il n'y a pas de restaurant ni de
cinéma, nous restons assis tard dans la cour et accompagnons
le coucher du soleil jusqu'au milieu de la nuit. Je m'efforce
de rester éveillé mais je m'endors finalement.

Les jours ici sont remplis de menus faits magiques. Un
orchestre de trois Tziganes entre soudain dans la cour et
entame au violon une mélodie triste. Grand-mère ne se fâche
pas; elle les connaît bien et les laisse jouer. La mélodie m'attriste de plus en plus, j'ai envie de pleurer. Maman vient à
mon secours et demande aux Tziganes de cesser de jouer
mais ils n'en font rien. «Laissez-nous prier», crie l'un des
Tziganes, et il continue.

«L'enfant a peur, implore Maman.

– Il n'y a pas lieu d'avoir peur, nous ne sommes pas des
diables.»

Finalement, Maman leur tend un billet et ils s'arrêtent.
L'un des Tziganes veut s'approcher de moi pour m'apaiser
mais Maman m'éloigne.

Les Tziganes viennent à peine de quitter la cour qu'apparaît le ramoneur. Un homme grand, enveloppé de cordes noires, qui se met aussitôt au travail. Son visage est couvert de suie, il ressemble à un diable du livre des frères Grimm que Maman me lit avant le coucher. Je voudrais partager ce secret avec elle mais j'y renonce.

À l'approche du soir, les vaches rentrent des pâturages. Les beuglements et la poussière remplissent l'espace de tristesse et de mélancolie mais il n'y a rien à craindre, bientôt commencera le cérémonial nocturne: la cuisson des confitures. Confiture de prunes, confiture de prunes et de poires, confiture de cerises noires, chaque confiture a son heure dans la nuit. Grand-mère sort de la cuisine un grand chaudron en cuivre qu'elle pose sur le feu. Le feu brûle depuis le crépuscule et le chaudron, à son contact, devient doré. La cuisson dure la majeure partie de la nuit. Grand-mère goûte, ajoute des épices et me sert enfin une coupelle de confiture chaude. Cette douceur tant attendue ne me procure pas de joie cette fois-ci. La peur que la nuit s'achève et que nous montions au matin dans la carriole pour retourner en ville, cette peur qui furète en moi blesse mon petit bonheur. Je prends la main de Maman et l'embrasse encore et encore, puis, ivre d'odeurs, je m'endors sur la natte.

À la campagne je suis avec Maman. Papa reste en ville pour diriger ses affaires et, lorsqu'il apparaît soudain, il m'est étranger. Avec Maman je vais aux champs, vers le fleuve, ou plus exactement vers un confluent du Pruth. Les eaux s'écoulent avec lenteur, les reflets sont aveuglants, et les pieds s'enfoncent doucement dans le fond.

En été, ici, les jours s'étendent avec lenteur, à l'infini. Je sais compter jusqu'à quarante, dessiner des fleurs, et dans un jour ou deux je saurai écrire mon nom en capitales d'imprimerie. Maman ne me quitte pas un instant. Sa présence m'est si agréable que même une seconde sans elle m'attriste.

Parfois, je la questionne sur Dieu ou sur ma naissance. Elle est troublée par ces questions et il me semble qu'elle rougit. Une fois elle m'a dit : « Dieu est dans les cieux et il sait tout. » La nouvelle me réjouit autant que si elle m'avait apporté un cadeau magique. Mais la plupart du temps ses réponses sont brèves, comme pour se débarrasser d'une corvée. Quelquefois je reviens à la charge mais cela ne la rend pas plus loquace.

Grand-mère, comparée à elle, est grande et robuste, et lorsqu'elle pose ses mains sur la large table en bois celle-ci semble disparaître. Elle raconte, décrit, et il est manifeste que les détails qu'elle mentionne lui sont chers. Les légumes du jardin, par exemple, ou le verger derrière le poulailler. Il est difficile de comprendre comment Grand-mère se trouve être la mère de ma mère. Maman ressemble à l'ombre trouble de sa mère. Elle se fait souvent gronder parce qu'elle a laissé de la soupe ou un morceau de quiche dans l'assiette. Grand-mère a des idées arrêtées sur tout : comment faire pousser les légumes dans le jardin, quand cueillir les prunes, qui est un honnête homme et qui est mauvais. Concernant l'éducation, ses idées sont encore plus arrêtées : On couche les enfants avant la tombée de la nuit, et pas à neuf heures. Maman, contrairement à elle, pense qu'il n'y a pas de mal à ce qu'un enfant s'endorme sur la natte.

Grand-mère n'est pas toujours d'humeur résolue. Parfois elle ferme les yeux, sombre dans son grand corps et parle à ma mère des jours anciens. Je ne comprends rien à ce qu'elle raconte et pourtant il m'est agréable de l'écouter, mais lorsqu'elle me soulève ou me hisse, je me sens aussi faible que si j'étais encore un bébé.

Grand-père est grand et maigre, et il ne parle presque pas. Tôt le matin il sort prier, et à son retour la table est couverte de légumes, de fromages et d'œufs au plat. Grand-père nous impose à tous le silence. Il ne nous regarde pas et nous ne le regardons pas, mais le soir du shabbat, son visage s'adoucit. Grand-mère lui repasse sa chemise blanche et nous partons pour la synagogue.

La marche vers la synagogue est longue et semée de merveilles. Un cheval se tient raide, l'air ahuri, et près de lui se trouve une petite fille de ma taille, perplexe. Non loin d'eux un poulain roule sur l'herbe. La créature ronde et forte est couchée sur le dos et agite ses pattes comme si on l'avait fait tomber et qu'elle se débattait, comme moi lorsque je roule parfois, et pour montrer à tous qu'elle n'a pas été vaincue elle se redresse sur ses pattes. Cela provoque la stupéfaction, des dizaines d'yeux de poulains, de moutons et de boucs fixent l'animal, ils sont contents qu'il ait pu se secouer et se redresser sur ses pattes.

Grand-père marche sans rien dire, mais son silence n'est pas effrayant. Nous marchons et nous nous arrêtons toutes les quelques minutes. Un instant il me semble qu'il veut me montrer quelque chose, ou le nommer, comme le fait mon père habituellement. Je me trompe. Grand-père demeure silencieux, ce qui s'échappe de sa bouche est comme ravalé et incompréhensible. Cependant, cette fois, il a prononcé quelques mots que j'ai saisis. « Dieu, a-t-il dit, est dans les cieux, et il n'y a pas lieu d'avoir peur. » Le geste de ses mains qui accompagnait ces mots était plus éloquent que les mots eux-mêmes.

La synagogue de Grand-père est une petite synagogue en bois. À la lumière du jour, elle ressemble à l'une des chapelles que l'on voit sur les bas-côtés de la route mais elle est plus allongée, sans représentations et sans offrandes sur les étagères. L'entrée est basse, Grand-père se voûte entièrement; il entre, moi sur ses talons. Une surprise nous attend: de nombreuses bougies dorées plantées dans des caisses emplies de sable répandent une lumière diluée dans l'odeur de cire.

La prière est murmurée, presque inaudible. Grand-père prie les yeux fermés et la lumière des bougies vacille sur son front. Tous les fidèles sont plongés dans la prière. Pas moi. Je me suis curieusement souvenu de la ville, des rues humides après la pluie. En été éclatent des orages, Papa m'entraîne dans les ruelles étroites, d'une place à l'autre. Papa ne va pas à la synagogue. Papa a soif de paysages naturels, de constructions extraordinaires, d'églises, de chapelles, de troquets où l'on sert le café dans des tasses de porcelaine fine.

Grand-père interrompt ma rêverie, se penche et me montre le livre de prières. Des lettres grandes et noires pointent sur ses pages jaunes. Tous les gestes ici sont mesurés et mystérieux. Je ne comprends rien. Un instant il me semble que les lions qui surplombent l'arche sainte vont s'ébrouer et bondir. La prière s'écoule dans un murmure. De temps à autre une voix s'élève et entraîne les murmures à sa suite. C'est la maison de Dieu et les gens viennent ici pour sentir Sa présence. Je suis le seul à ignorer la façon dont on s'adresse à Lui. Si je parvenais à lire le livre de prières, je verrais moi aussi les prodiges et les mystères, mais pour l'instant je dois me cacher afin que Dieu ne s'aperçoive pas de ma stupidité.

L'officiant ne cesse de lire tout en se courbant vers la droite et vers la gauche. Il est plus près de l'arche sainte, il essaie d'influencer Dieu, et les autres aussi redressent la tête, suspendant leurs désirs au désir de Dieu.

Entre-temps les bougies ont fondu dans les caisses, les gens ôtent leurs châles de prière et un étonnement silencieux brille dans leurs yeux, comme s'ils avaient compris quelque chose qui leur était inaccessible auparavant.

La sortie de la synagogue dure longtemps. D'abord sortent les vieux, suivis de tous les autres. Je suis impatient d'être dehors. L'air y est frais, les gens parlent entre eux, et pas à Dieu.

Nous reprenons la route. Grand-père fredonne une prière mais c'est une prière différente, sans fièvre. Le ciel est rempli d'étoiles dont la lumière se répand sur nous. Grand-père dit qu'on se hâte vers la synagogue et qu'on s'en éloigne lentement. Je ne comprends pas le sens de ses propos mais je ne pose pas de questions. J'ai déjà remarqué: Grand-père n'aime ni les questions ni les explications. Chaque fois que je pose une question, le silence se fait, la réponse tarde à venir et elle est brève. À présent cela ne me gêne plus. Moi aussi j'ai appris à me taire et à écouter les sons légers qui m'entourent. Les sons ici, contrairement à ceux de la ville, sont nombreux et assourdis, bien que parfois surgisse de l'obscurité le cri aigu d'un oiseau qui ébranle le silence.

La marche dure une heure et, lorsque nous approchons de la maison, Grand-mère nous accueille, elle aussi vêtue de blanc. Maman et moi portons nos vêtements habituels. Le kiddoush et le dîner sont prière et silence ; seuls nous quatre nous apprêtons à recevoir Dieu.

C'est étrange, Maman a toujours l'air triste près de la table du shabbat. Il me semble qu'autrefois elle savait parler à Dieu dans sa langue, comme Grand-père et Grand-mère, mais que, suite à un malentendu entre Lui et elle, elle a oublié cette langue. Ce regret la rend mélancolique le soir du shabbat.

Après le repas nous allons au ruisseau. Grand-père et Grand-mère marchent en tête et nous les suivons. La nuit, le ruisseau paraît plus large. L'obscurité a sombré et un ciel blanc s'ouvre au-dessus de nous.

Le cours du ruisseau est lent. Je tends les mains, je sens le flot blanc qui s'écoule directement dans mes paumes.

«Maman, dis-je.

– Quoi, mon chéri?»

Les mots avec lesquels je souhaitais décrire la sensation se sont dérobés. Comme je n'ai plus de mots je reste assis, les yeux ouverts, et la nuit blanche coule en moi.

La prière du vendredi soir n'est qu'une préparation à celle du samedi. La prière du samedi dure de longues heures. Grand-père ne fait qu'un avec son livre, je suis assis près de lui et vois Dieu qui vient s'asseoir entre les lions surplombant l'arche sainte. Je m'étonne que Grand-père ne s'émeuve pas de ce terrible prodige.

Je ne peux me retenir:

«Grand-père.»

Grand-père pose un doigt sur ses lèvres et ne me permet pas de poser de questions. Au bout d'un certain temps, deux hommes s'approchent de l'arche et Dieu, qui était assis entre les lions, s'en va. Sa disparition est si rapide que c'est comme s'il ne s'était jamais trouvé là. Les deux hommes de petite taille ne se contentent pas de cela: ils ouvrent l'arche. Désormais l'arche est béante et les prières s'y écoulent directement. Je regrette de ne pas savoir prier en ce moment festif. Deux enfants de mon âge ont une attitude de grandes personnes et prient. Ils savent déjà parler à Dieu, moi seul suis muet. Le mutisme se renforce en moi d'un instant à l'autre et je me souviens du jardin public en ville où je vais souvent m'asseoir avec Papa. Au jardin public il n'y a pas de prodiges. Les gens sont assis sur les bancs et se taisent. Ils se taisent car ils ne savent pas prier, pensé-je, et cela me réveille. Au même moment, on sort le rouleau de la Torah de l'arche et on l'élève. Tous les yeux se portent vers lui et un frisson me parcourt le dos.

La lecture de la Torah sur la petite estrade m'apparaît comme un mystère à l'intérieur d'un mystère. À présent il me semble qu'à la fin du conciliabule les gens s'enfuiront et que je demeurerai seul, face à face avec Dieu qui réside dans l'arche sainte. Quatre hommes entourent la Torah et s'adressent à elle comme si Dieu était dissimulé dans ces parchemins. Un instant je m'étonne que le Dieu si grand ait pu se contracter ainsi pour tenir sur cette estrade.

Ensuite ils enroulent le parchemin et chantent avec ferveur. Quatre hommes près de l'estrade élèvent la voix, comme s'ils souhaitaient l'annulation de leur être. Lorsque le chant prend fin, on élève la Torah pour la ramener dans l'arche sainte. L'arche est fermée et le lourd rideau de velours l'enveloppe. Un instant il me semble que c'est un rêve, qu'à mon réveil Papa m'arrachera à ce prodige et que nous retournerons en ville, vers les rues larges et fraîches et vers notre maison que j'aime tant.

«Pourquoi n'irais-tu pas dehors?» chuchote Grand-père, et il me libère.

Je suis debout, dehors, près de deux arbres hauts, et je sens que je suis allé loin de moi-même, de mes rêveries, projeté dans un imaginaire étranger, et c'est bien que je sois sorti pour être de nouveau avec moi-même, avec les arbres qui répandent leur ombre épaisse sur la terre.

Je contemple encore la synagogue. Elle est si fragile que, si elle n'était entièrement couverte de végétation, on douterait qu'elle puisse tenir sur ses fondations. Soudain une peur intense m'étreint, incompréhensible: bientôt les gens sortiront de la bâtisse et me saisiront pour me traîner à l'intérieur. Cette peur est très concrète et je sens les doigts étrangers qui s'enfoncent en moi, les terribles griffures.

«Papa!» Le cri m'échappe, et je me mets à courir. Puis la peur quitte mon cœur et je reviens vers les deux arbres, devant l'entrée de la synagogue. Les prières sont silencieuses à présent et je pénètre à l'intérieur. Grand-père est plongé dans la prière et ne s'aperçoit pas de mon arrivée. Je reste debout près de lui en regardant l'arche sainte enveloppée dans son rideau. J'essaie de saisir un des mots avec lesquels les gens s'adressent à Dieu mais je n'y parviens pas. Désormais c'est clair: je suis muet. Tous murmurent, font des efforts, et moi je suis dénué de mots. Je contemple et cette contemplation me fait mal. Je ne pourrai jamais rien demander à Dieu, puisque je ne sais pas parler Sa langue. Papa et Maman non plus ne savent pas parler Sa langue. Papa m'a déjà dit un jour: «Nous n'avons rien d'autre que ce que nos yeux voient.» Je n'avais pas compris cette phrase. À présent il me semble que j'en devine le sens.

La prière touchait à sa fin mais je ne le savais pas. La dernière prière fut dite dans une grande ferveur, comme si le service allait recommencer. C'était la fin, et les fidèles se levèrent.

Un vieil homme s'approcha de moi et me demanda mon nom. J'eus peur et je serrai le manteau de Grand-père. Le vieil homme me regarda attentivement et ne posa pas d'autre question. On servit aux fidèles des gâteaux au miel et des boissons. Les prières flottaient dans l'air, mêlées à l'odeur de l'alcool.

Ensuite nous prîmes la route verdoyante en direction de la maison. Le soleil brillait et, dans les champs, paissaient des troupeaux. La scène me rappelait une autre quiétude dans un autre lieu mais je ne savais où. Nous coupâmes à travers champs pour pénétrer dans une forêt claire. Il y avait là quelques maisons abandonnées. Dans leurs entrées béantes grouillait l'obscurité. En route nous rencontrâmes un paysan ruthène, une connaissance de Grand-père. Ils discutèrent et je ne compris pas un mot. Ensuite nous nous arrêtâmes sur le flanc d'une colline, et la vue des champs de maïs nous ravit.

Nous approchions de la maison et j'aperçus Maman vêtue de blanc, debout sur le seuil. Elle me semblait sur le point de s'envoler vers moi. Je ne me trompais pas cette fois. Elle s'élança vers nous en courant comme si elle n'était pas une mère mais une jeune Ruthène. Quelques secondes ne s'étaient pas écoulées que j'étais déjà dans ses bras. Un instant nous restâmes ensemble dans les hautes herbes.

L'après-midi, nous nous assîmes dans la cour et Grand-mère nous apporta de longues brioches et des fraises à la crème, et Maman était belle, ses cheveux lâchés sur les épaules, des lumières dansant sur sa robe de popeline, et je me dis : Ce sera ainsi à partir de maintenant.

Alors que j'étais encore sous l'emprise de cette joie secrète, une tristesse étreignait mon cœur ; elle était si fine que je ne la sentis pas d'abord, puis, lentement, insidieusement, elle se répandit dans ma poitrine. J'éclatai en sanglots et Maman, qui était de bonne humeur, m'entoura de ses bras, mais j'étais prisonnier du chagrin et de la peur et je refusai de me laisser consoler. Les pleurs brûlaient en moi, je savais que c'était le dernier été au village et que, à partir de là, la lumière baisserait et l'obscurité obstruerait les fenêtres.

Et en effet, Papa vint à la fin du shabbat et apporta avec lui les mauvaises nouvelles de la ville. Maman fit les valises précipitamment et Grand-mère sortit une caisse pleine de bocaux de confitures recouverts d'un linge blanc, une caisse de pommes rouges et deux bouteilles d'alcool de cerise qu'elle avait fait elle-même. La carriole était jolie mais il n'y avait pas de place pour tout cela, et le cocher entassa péniblement les précieux trésors sous les sièges. Grand-père se tenait debout près de la porte, comme arraché au monde auquel il appartenait. Une sorte d'étonnement triste coulait de ses yeux. Il serra Maman dans ses bras avec une immense douceur.

La carriole partit au galop afin d'attraper le dernier train.

Dans le wagon, les sanglots me secouèrent de nouveau. Les larmes jaillissaient et mouillaient ma chemise. Papa perdit patience et demanda pourquoi je pleurais. La tristesse me poignardait et la douleur était grande, mais je n'avais pas de mots pour l'exprimer. La colère de Papa s'amplifia, au point qu'il ne put se retenir et dit: «Si tu ne cesses pas de pleurer, je vais te donner une gifle. Tu as cinq ans, et un enfant de cinq ans ne pleure pas sans raison.» Papa, qui n'avait pas l'habitude de se fâcher et m'apportait des cadeaux à ses retours de voyage, était si effrayant cette fois que mes pleurs en furent figés; mais Maman, qui comprenait ma douleur, m'embrassa et me serra sur son cœur. Je me blottis contre sa poitrine et m'endormis.

2

L'oncle de ma mère, l'oncle Félix, était un homme grand, silencieux et fort. Il possédait des champs, des pâturages, des forêts innombrables, et même un lac. Sa maison se trouvait au cœur de la propriété, entourée de petits bâtiments dans lesquels il y avait des chambres d'amis, ses bureaux et les dépendances des domestiques.

Au printemps et en été, Maman et moi venions passer chez lui une semaine ou deux. Il avait l'apparence d'un homme tout ce qu'il y a de plus laïc mais sa bibliothèque était remplie de livres saints, dont nombre d'éditions originales. Avant de toucher un livre en hébreu il se coiffait d'une kippa. Tout au long de sa vie il se conforma à deux commandements quotidiens: la prière et l'étude d'une page du Talmud. Lorsqu'il s'enveloppait de son châle de prière et mettait ses phylactères, il abandonnait aussitôt tout laïcisme. Il s'absorbait dans la prière tel un Juif pieux. Sa façon d'étudier était également celle d'un Juif pieux: il étudiait en chantonnant. C'était sa part intime que peu de gens connaissaient, car extérieurement il ne portait aucun des signes du Juif pieux. Il était vêtu comme la plupart des propriétaires terriens: un costume, une chemise blanche et une cravate assortie au costume. Mais, contrairement à la plupart des propriétaires terriens, il faisait preuve d'un goût très fin. Son costume avait une élégance discrète qui enchantait immédiatement le regard.

Il parlait de nombreuses langues et prenait soin de les prononcer correctement. Son allemand était pur et les articles qu'il avait écrits sur des sujets agricoles étaient publiés non seulement à Czernowitz mais aussi à Lemberg et à Cracovie, où on louait la précision de sa langue et l'aisance dont il faisait preuve. Il était agronome de profession, mais sa culture s'étendait bien au-delà de ce domaine. Il possédait une bibliothèque de philosophie, une autre de linguistique et quelques bibliothèques de littérature classique, sans parler des livres sur l'agriculture que j'aimais feuilleter. J'y trouvais toujours des images de champs, de plantations, d'animaux et de forêts. L'oncle Félix me permettait de feuilleter ses livres car il savait que je le faisais avec précaution et que je ne les déchirais pas.

Parfois il me semblait que les chevaux étaient sa grande passion. Dans la propriété il y avait un manège de montures grandes et rapides dont s'occupaient deux palefreniers. L'oncle Félix, bien que plus très jeune, se mettait en selle sans l'aide de quiconque. Quelquefois ses palefreniers me faisaient monter avec lui. J'avais peur, mais la peur était mêlée de tant de plaisir qu'elle disparaissait rapidement. Nous traversions des champs et des pâturages pour parvenir à la forêt. Dans les profondeurs de la forêt il y avait un lac. Bien qu'il fût très large, il semblait le soir comme rétréci, ayant perdu ses proportions; le crépuscule se reflétait sur sa surface noire et on aurait dit le gros œil d'un animal terrifiant. À notre retour, Maman nous accueillait d'une exclamation victorieuse. J'avais quatre ans, ou quatre ans et demi.

Je voyais peu la femme de mon oncle, tante Régina. C'était une femme souffreteuse et elle passait la majeure partie de la journée allongée dans sa chambre spacieuse. La domestique qui s'occupait d'elle lui ressemblait comme une sœur. À ceci près que tante Régina était allongée dans le lit tandis que l'autre prenait soin d'elle avec dévouement, jour et nuit. Il émanait de la chambre spacieuse de tante Régina un sentiment de grandeur et de peur, peut-être à cause de l'obscurité qui y régnait, y compris durant les chaudes journées d'été. Je ne parlais presque pas avec elle. Elle me regardait mais ne posait jamais de questions. La douleur avait apparemment affecté sa lucidité, et peut-être hallucinait-elle et ne me voyait-elle pas. Tante Régina était versée dans la littérature française, et dans sa jeunesse elle avait écrit un petit livre sur Stendhal. Maman ne l'aimait pas, mais elle la respectait, à cause de sa culture.

La grande fierté de l'oncle Félix était les tableaux qu'il avait acquis à Vienne et à Paris, parmi lesquels un Modigliani, des lithographies de Matisse et quelques aquarelles remarquables. Les tableaux étaient en harmonie avec les meubles discrets de la maison. Les Juifs riches de la génération de l'oncle Félix entassaient dans leurs chambres des meubles lourds et chers, suspendaient aux murs des toiles sentimentales, chargeaient leurs salons de vases et de porcelaines, et couvraient leurs sols de tapis épais et grossiers. L'oncle Félix connaissait bien les Juifs riches, cupides et avares, et lorsqu'il était d'humeur légère il les imitait. Il aimait particulièrement imiter leur allemand défaillant, leur ignorance du judaïsme, leur apparence vestimentaire vulgaire, leurs manières impolies et la façon dont ils traitaient leurs femmes. Il les haïssait et les fuyait.

L'oncle Félix n'avait pas d'enfants. Dans leur jeunesse, tante Régina et lui avaient adopté un garçon ruthène et s'étaient occupés de lui avec dévouement. À sept ans, il avait fui pour retrouver sa mère dans son village natal, une démente, et refusé de rentrer chez ses parents adoptifs. Je ne cessais de poser à ma mère des questions sur le petit Ruthène; elle ne me répondait qu'à mots couverts. Toujours est-il que je m'identifiais à lui et que j'imaginais sa fuite de la maison vers la masure maternelle.

Parfois nous allions chez l'oncle en hiver. Les nuages recouvraient alors la propriété et la neige tombait sans répit. J'aimais m'asseoir près des poêles brûlants et écouter le bois éclater. En été les journées sont longues et s'étendent profondément dans la nuit, mais il n'en est pas de même en hiver. En hiver les jours passent en coup de vent, la lumière est rare, grise et angoissante en plein jour.

Les soirées dans la propriété étaient ponctuées de petits festins. À quatre heures un thé, avec un gâteau aux poires décoré de cerises, et à sept heures un dîner de fête. Nous prolongions les repas et le silence environnant nous gagnait. Dans la maison de l'oncle Félix on parlait peu, on se disputait peu, et on ne proférait pas de futilités. On lisait la majeure partie de la soirée, ou on écoutait de la musique. J'ai connu bien des maisons calmes mais le silence de la maison de l'oncle Félix avait un timbre particulier. Il était naturel et vous enveloppait d'une agréable sollicitude.

Il arrivait que tante Régina quitte son lit et fasse une apparition au salon. L'oncle Félix se levait pour aller à sa rencontre. Ses douleurs étaient apparemment insupportables. Parfois il n'y avait d'autre solution que d'appeler le médecin, mais la plupart du temps la gouvernante la persuadait de rejoindre son lit, lui massait le dos et les pieds et lui promettait une amélioration de son état. Tante Régina n'était pas habituée aux visages étrangers. Un jour elle surgit au salon et me vit assis par terre en train de feuilleter un livre. «Qui est l'enfant?» demanda-t-elle à la gouvernante, comme si je n'étais pas son neveu mais un étranger. Mis à part ces désagréments, les journées au domaine se déroulaient dans le calme.

L'oncle Félix dirigeait sa propriété avec amabilité et générosité. Jamais un ouvrier ne se plaignit d'avoir été lésé quant à son salaire. Il avait des positions libérales et disait: «Donne plus aux ouvriers et tu recevras plus.» Sa richesse était grande mais il n'était pas avare, contrairement aux nouveaux riches auxquels l'avarice avait fait perdre la raison.

Il y avait aussi des journées claires en hiver, des jours baignés de soleil, et nous partions en traîneau skier dans les montagnes. Papa se joignait parfois à cette expédition. On m'installait à un endroit d'où je pouvais voir les skieurs. L'oncle Félix excellait en cela également. Malgré son âge il savait virer comme un jeune homme. Papa et Maman se tenaient raides sur leurs skis, pas lui.

Les séjours chez l'oncle Félix font partie de mes plus fortes impressions d'enfance. Dans sa propriété tout était différent, même les arbres. Ils étaient plus hauts que les arbres que je connaissais, l'herbe était plus grasse, les domestiques si grands qu'ils touchaient le plafond. La vie de l'oncle Félix et de sa propriété était une légende, et dans cette légende il y avait des visions réjouissantes pour la plupart, mais parfois effrayantes. Voici un ivrogne devenu fou, une hache à la main, qui maudit les Juifs et leur richesse, et tétanise les domestiques par ses menaces, puis, dans un tout autre registre, un cheval qui a fait tomber un palefrenier, s'est enfui du manège et s'affole au milieu de la cour. Durant l'une de nos visites d'été quelqu'un déposa une nuit un bébé sur le seuil de la maison ; au matin les domestiques découvrirent le paquet et alertèrent l'oncle.

Dans la propriété le silence était épais sans être total. La nuit, les oiseaux de proie poussaient des cris stridents et les loups hurlaient. L'oncle Félix avait un rapport simple à la nature. Depuis son enfance il aimait les plantes et les animaux. Son père, le vieux rabbin, ne voyait pas d'un bon œil les mœurs et les occupations de son fils mais il ne le blâmait pas, car lui-même avait une passion secrète pour le monde animal : il élevait des abeilles dans la cour de sa maison.

À l'été 1937, la vie changea du tout au tout. Le régime devint antisémite, les gendarmes collaboraient avec la racaille et la pègre, les clôtures étaient défoncées et chaque nuit il y avait de nouveaux vols. L'oncle Félix, qui avait vécu là depuis son adolescence, avait construit la maison, fait prospérer les champs et les forêts, et prenait part aussi à la société non juive, essaya non seulement de tenir le coup mais opposa une farouche résistance. Il sortait la nuit, son chapeau de feutre sur la tête, afin de chasser les voleurs. Une nuit il attrapa un garçon d'une quinzaine d'années. Ce dernier jura sur la vie de Jésus qu'on ne l'y reprendrait plus. L'oncle Félix ne se contenta pas de la promesse et exigea un engagement explicite. Le garçon avait si peur qu'il se mit à genoux, supplia et éclata en sanglots. L'oncle Félix le libéra et le garçon courut vers le portail comme un animal libéré de ses chaînes.

Ce même été, tante Régina mourut, et l'enterrement fut laïc, selon ses vœux. Elle avait demandé à être enterrée dans la propriété, sur une colline dominant la vallée et ses cours d'eau. L'oncle Félix, qui l'avait aimée, elle et ses folies, eut à cœur d'appliquer le testament à la lettre. On lut sur sa tombe des poèmes de Rilke, on déposa des gerbes de fleurs et un quatuor joua des sonates de Mozart. Le quatuor, que l'on avait fait venir de Czernowitz, joua durant les sept jours de deuil, matin et soir. Tante Régina avait laissé une liste d'œuvres qu'on interpréta dans l'ordre voulu par elle.

Tante Régina haïssait les cérémonies et les Juifs religieux. Pendant des années, l'oncle Félix avait tenté de la faire changer d'avis. Une fois, un Juif en habit traditionnel était entré dans la propriété. Lorsqu'elle le vit, elle poussa des cris hystériques, comme si des fantômes avaient envahi la maison.

Après la mort de la tante Régina, l'oncle Félix changea, il se renferma et parla de moins en moins. Il venait parfois en ville chez nous, s'asseyait au salon et buvait un thé au citron. Mon père et ma mère l'aimaient. Il possédait, on l'a vu, des connaissances dans de nombreux domaines mais il s'exprimait sans pédanterie. Il m'apportait des jouets étonnants et discutait avec moi comme si j'avais été grand. Il n'agissait pas ainsi sans raison. Sa théorie était que les enfants sont doués de sens aigus et d'une intelligence naturelle, et qu'il convient de les écouter. Il renforçait son opinion par des proverbes latins et des maximes tirées du Talmud. Une fois je l'entendis dire à ma mère: «Dommage que les Juifs ignorent combien leur culture est grande. S'ils le savaient, ils pleureraient comme des enfants.»

Lorsqu'il venait en ville, il demeurait chez nous. L'hôtel où il aimait descendre avait fait faillite et il ne supportait pas les autres. À chacune de ses visites, il nous apportait un bel objet de sa collection. Maman le grondait mais il prétendait que nul ne connaît son heure, et qu'il était préférable de répartir sa collection entre ceux qui lui étaient chers de son vivant. J'eus droit à un magnifique violon ancien. L'oncle Félix testa mon oreille et décréta: «Tu as une oreille excellente et tu es digne du violon.» De mon côté, je promis de m'exercer au moins trois heures par jour.

Il ignorait lui-même combien il avait raison. La situation empira de mois en mois. Au début il eut à se battre contre les voleurs et les brigands. Lorsqu'il s'avéra que les brigands avaient pactisé avec les gendarmes, il se battit contre les gendarmes. Mais quand le préfet se joignit à ses adversaires, il n'eut d'autre solution que d'entasser les biens de sa maison dans un camion et de s'installer en ville. Il entreposa les meubles dans notre grand débarras et loua la propriété pour une bouchée de pain.

Il habitait près de chez nous dans un appartement qu'il louait et nous rendait visite une à deux fois par semaine. Il ne revêtait plus le beau costume qu'il avait l'habitude de porter dans sa propriété. Il s'habillait sport, ce qui ajoutait une touche de charme à son allure d'homme âgé. Je ne l'entendis jamais se plaindre ou récriminer. Lorsqu'on évoquait tante Régina, une buée légère flottait sur son front. Ils étaient très différents et pourtant proches. Maman soulignait ce fait non sans étonnement.

L'oncle nous transmit la majeure partie de sa collection d'art. Les tableaux modifièrent l'aspect de notre maison, qui se mit à ressembler un peu à un musée. Maman était très fière de cette collection, et le peu d'amis que nous avions venaient l'admirer.

L'oncle Félix garda son sang-froid jusque durant les jours amers. Un propriétaire terrien ukrainien, connaissance de longue date, proposa de le cacher chez lui, mais il refusa. Durant les jours passés au ghetto, il habita avec nous dans une seule pièce. La précieuse collection ne nous avait pas quitté mais nous ignorions comment la sauver. Finalement, l'oncle la confia au directeur d'une succursale de banque qui promit d'en prendre soin jusqu'à ce que la tempête passe. Une nuit, il vint prendre les paquets. C'était un homme grand qui possédait de longues mains. Je sus que nous ne verrions plus jamais ce trésor.

L'hiver arriva et nous nous blottîmes un peu plus les uns contre les autres. Il n'y avait pas de bois de chauffage ni d'eau. L'oncle Félix, qui avait été officier dans l'armée autrichienne, garda la tête haute y compris durant ces jours sombres.

Même ensuite, lors de la marche de déportation sur les longues routes au cœur de la plaine ukrainienne, il aida à enterrer les corps afin qu'ils ne servent pas de nourriture aux rapaces. Lui-même succomba au typhus dans une grange, et Papa, qui souhaitait l'enterrer, ne trouva pas de bêche. Nous le déposâmes sur une botte de foin.

3

À l'été 1937, je pris un train de nuit avec ma mère pour rentrer à la maison. J'ignore pourquoi nous avions quitté notre lieu de villégiature avec une telle précipitation. Nous voyageâmes dans un wagon de première classe, propret et à moitié vide. Maman lisait un livre et je feuilletais un album d'images. Dans le wagon flottaient des odeurs de pâtisserie mêlées à celles du tabac, et il était agréable de lire tout en regardant autour de soi. Maman me demanda si j'étais fatigué et je répondis par la négative.

Ensuite les lumières baissèrent. Maman referma le livre et s'endormit. Je restai un long moment à suivre les bruissements dans le wagon. Soudain, une grande et robuste serveuse surgit de la partie du wagon qui m'était cachée, s'agenouilla, me regarda et me demanda mon prénom.

Je le lui dis.

«Et quel âge as-tu?»

Sa question me fit rire pour une raison inconnue mais je lui répondis.

«Et où te rends-tu ainsi?

– À la maison.

– Un beau garçon voyage vers une belle ville», dit-elle. Ses propos ne m'amusaient pas mais je ris pourtant. Elle me tendit ses deux grandes paumes et dit: «Pourquoi ne me donnerais-tu pas tes mains? Ne voudrais-tu pas être mon ami?»

Je posai mes mains sur ses paumes. Elles les embrassa et dit: «De belles mains.» Un plaisir inconnu traversa mon corps.

«Viens chez moi et je te donnerai quelque chose de bon», dit-elle en m'attrapant et en me soulevant. Ses seins étaient gros et chauds, mais la hauteur me donna le vertige.

Elle avait une cabine au bout du wagon. Dans la cabine il y avait un lit pliant, une commode et une armoire.

«Viens, on va te donner quelque chose de bon. Que veux-tu?» demanda-t-elle en me faisant asseoir sur le lit pliant.

«De la halwa, dis-je curieusement.

– De la halwa! s'étonna-t-elle. Mais seuls les fils de paysans en mangent. Les fils de la noblesse mangent des mets plus délicats.

– Quoi?

– Je vais te montrer», répondit-elle, et elle attrapa mes deux jambes, ôta d'un geste mes chaussures et mes chaussettes, enfouit mes orteils dans sa bouche et dit: «C'est bon, très bon.» Le contact était agréable mais me faisait frissonner. «À présent nous allons donner à ce beau garçon quelque chose de très bon», dit-elle, et elle sortit de son aumônière une tablette de chocolat. C'était un chocolat connu sous le nom de «Sain et bon», un chocolat populaire enveloppé d'un papier quelconque qui représentait pour nous le comble de la vulgarité et du mauvais goût.

«Tu ne veux pas goûter?

– Non, lui dis-je, et je ris.

– C'est délicieux, dit-elle en ôtant le papier et en montrant la tablette marron. Goûte. J'aime ce chocolat.

– Merci, refusai-je.

– Tu aimes quel chocolat, mon petit enfant gâté?

– Suchard, lui révélai-je.

– Suchard. C'est un chocolat de riches, un chocolat qui n'a pas de goût. Le chocolat doit être épais et fourré aux noisettes.»

Elle me souleva à nouveau, me secoua et me pressa contre son grand corps. «Suchard est un chocolat de riches. Un chocolat qui se termine vite. Nous aimons le grand chocolat. Tu comprends?» Je ne comprenais pas mais je hochai la tête en guise d'acquiescement.

«Quand le train s'arrête-t-il? demandai-je à brûle-pourpoint.

– C'est un express. L'express ne s'arrête qu'à la dernière gare et c'est Czernowitz», dit-elle en découvrant ses dents carrées, et elle recommença à pétrir la plante de mes pieds. «C'est agréable? demanda-t-elle.

– Très, ne pus-je m'empêcher d'avouer.

– Je vais m'occuper de toi jusqu'au petit jour», dit-elle en riant.

Et tandis qu'elle pétrissait mon corps, embrassait et pinçait, la porte de la cabine s'ouvrit sur ma mère.

«Que faites-vous ici? fit-elle en ouvrant de grands yeux.

– Rien du tout, on joue. Erwin s'ennuyait et il a souhaité jouer.

– Erwin ne s'ennuie pas en général, corrigea ma mère.

– Vous dormiez et Erwin s'ennuyait. Il ne faut pas laisser un si beau garçon s'ennuyer, n'est-ce pas?» répondit-elle en penchant son visage vers moi. Maman, inexplicablement, ne me quittait pas des yeux. Elle n'était pas fâchée, mais son sourire crispé exprimait la défiance.

«Tu es ici depuis longtemps?» demanda-t-elle. Je devinais que quelque chose n'allait pas. «Partons», dit-elle en me tendant la main.

La serveuse tenta de gagner les bonnes grâces de ma mère: «Erwin est un garçon très intelligent.

– Mais pas assez prudent, rétorqua Maman.

– Et intelligent, et prudent, j'vous l'jure», dit la serveuse en parlant comme une paysanne.

Maman ne réagit pas. Elle m'entraîna d'un geste ferme vers le couloir.

«Qu'avez-vous fait? demanda-t-elle alors que nous approchions de nos sièges.

– Nous avons parlé.

– Tu dois être plus prudent.

– Pourquoi?

– Parce que ces filles-là ne savent pas où s'arrêter.»

Le train avançait, et les premières lueurs du matin rosissaient sur les dernières nuées d'obscurité. Maman ne me parlait pas. Son visage se fermait de plus en plus. Je savais qu'elle était fâchée après moi.

«Maman.

– Oui?

– Quand arriverons-nous à la maison?

– Bientôt.

– Et Papa nous attendra à la gare?

– Je suppose. »

Je voulus me réconcilier avec elle et dis: «Sept fois sept, quarante-neuf. »

À ces mots, elle me serra contre elle.

«Dans une semaine, je connaîtrai toutes les tables de multiplication, je le promets.» Personne ne me poussait à apprendre les tables mais il me semblait que cette promesse satisferait Maman.

«Mais tu dois être plus prudent», dit-elle en montrant qu'elle n'avait pas oublié ma faute.

Papa nous attendait à la gare. Je courus vers lui, il me souleva et m'embrassa sur les joues.

«Comment s'est passé le voyage? demanda Papa avec douceur.

– Correctement, dit Maman d'une voix sèche.

– Y a-t-il eu des contretemps?

– Non.

– Pourquoi demander plus?» dit alors Papa du ton qui était devenu le sien ces derniers temps.

4

1938 fut une mauvaise année. Des rumeurs bruissaient dans les moindres recoins et une chose était claire: nous étions pris au piège. Mon père tenta en vain d'obtenir des visas pour l'Amérique, envoya des télégrammes à des parents, des amis qui résidaient en Uruguay et au Chili. Tout allait de travers. Des gens qui hier encore étaient des habitués de la maison, des associés en qui l'on avait confiance, des amis de jeunesse, changèrent d'attitude, s'éloignèrent ou devinrent des ennemis. Le désespoir était grand et se nichait partout. C'est étrange, il y avait déjà alors parmi nous des optimistes aveuglés qui interprétaient chaque événement en notre faveur, démontraient par tous les moyens que la grandeur d'Hitler était imaginaire, que l'Allemagne était destinée à redevenir ce qu'elle avait été. Ce n'était qu'une question de temps. Papa, lui, sentait que la terre brûlait sous nos pieds et qu'il fallait chercher toutes les issues possibles.

Au printemps nous apprîmes que Grand-père, le père de ma mère, était atteint d'une grave maladie et que sa fin était proche. Grand-père accueillit calmement l'amère nouvelle. Son regard rond sembla s'arrondir encore. Une nuit il dit à Maman: «Cette séparation entre les vivants et les morts est une séparation fictive. Le passage est plus simple que nous ne l'imaginons. C'est juste un changement de lieu, et le gravissement d'un degré.» À ces mots, Maman se mit à pleurer comme un bébé.

L'organisation de son quotidien ne se modifia pas d'un iota. Le matin il partait pour la prière, et à son retour il mangeait quelque chose et s'asseyait dans la véranda. Ce moment dans la véranda était comme la préparation à son étude quotidienne. Parfois il étudiait le même livre pendant des jours et parfois il en changeait, mais il n'y avait jamais plus d'un livre sur sa table.

Papa se démenait d'un endroit à l'autre, et lorsqu'il rentrait le soir son visage était sombre. Ma mère essayait en vain de lui rendre la vie plus agréable en préparant des plats qu'il aimait. Après le repas, il s'asseyait dans le fauteuil, les yeux fermés, plongé en lui-même. La mort planait partout, mais pas dans la chambre de Grand-père. Dans sa chambre les fenêtres restaient ouvertes et les rideaux étaient agités par le vent. Ma mère lui apportait une tasse de thé au citron toutes les heures. Grand-père la remerciait, posait une question, et Maman s'asseyait près de lui. Il était manifeste qu'il aimait sa fille et que sa présence le réjouissait.

Tout le monde essayait de dissimuler à Grand-père son état, ainsi que la situation autour de nous. Il n'ignorait rien, mais il ne laissait pas le trouble et la confusion se répandre en lui. Il parlait de la mort comme il avait l'habitude de parler des longs voyages qu'il entreprenait. Par le passé, Grand-mère – qui reposait désormais – tentait de le convaincre d'emporter encore un manteau, et encore un chandail, mais

Grand-père aimait les valises légères et c'était, pour tout dire, ce qu'il prétendait encore. La route n'est pas longue, et il n'y a pas lieu de s'inquiéter.

J'allais le voir une fois par jour. Il me caressait la tête, me montrait les lettres du livre qu'il étudiait et me racontait une petite histoire ou un dicton. Une fois, il me raconta un proverbe que je n'interprétai pas selon ses vœux. Il s'aperçut que je n'avais pas compris et dit : « Ce n'est pas important, l'essentiel est d'aimer ce matin. » Je ne compris pas non plus cette sentence, et pourtant elle est restée en moi jusqu'à ce jour comme une douce énigme. Parfois il me semblait qu'il n'était pas des nôtres, qu'il était venu d'un autre monde pour nous rendre visite, tant il était différent de nous.

Au printemps il était encore dans le village où il était né et où étaient nés ses pères, et les pères de ses pères. Il avait commencé par refuser de quitter sa propriété, mais, lorsque la maladie empira et qu'il dut suivre un traitement à l'hôpital, il accepta de venir en ville. Maman avait débarrassé une chambre pour lui et était partie le chercher en diligence.

Ainsi il était arrivé chez nous. Dès lors, ma mère changea totalement. Son visage s'allongea, elle accomplissait le chemin entre la cuisine et sa chambre avec lassitude. Grand-père ne demandait rien, mais elle savait exactement ce dont il avait besoin. Lorsque Maman lui servait une compote de prunes, son visage s'illuminait un instant. C'était un mets qu'il appréciait particulièrement, depuis toujours.

Le matin il prenait sur lui pour se lever et partait pour la prière. Sa foi s'avérait plus forte que son corps affaibli. Maman tentait de le retenir mais il ne l'écoutait pas. La prière commune du matin faisait couler dans son corps de nouvelles forces. Il revenait de la prière le visage empreint d'étonnement.

Parfois la nostalgie de son village le submergeait. Elle était palpable, comme s'il s'était rapproché des arbres et des ruisseaux qui entouraient sa maison au village. À présent sa maison était fermée, et deux paysans s'occupaient des arbres fruitiers et du potager. Le bétail et les poulets avaient été vendus depuis longtemps, hormis une vache que Grand-père avait explicitement demandé de ne pas vendre.

Une fois je l'entendis dire à Maman: «Ramène-moi au village, c'est dur pour moi d'être loin de ma maison.»

Maman hésita un instant et répondit: «Voyons ce qu'en disent les médecins.»

Dans la soirée, le docteur Feldman vint et persuada Grand-père que dans son état il était préférable qu'il soit proche d'un hôpital, et non pas dans un village, à cinquante kilomètres de la ville. Grand-père écouta et dit: «Apparemment, c'est ainsi que cela doit être.»

À la maison nous vivions sans Torah et sans commandements religieux, mais tout avait changé depuis l'arrivée de Grand-père. Maman avait cashérisé la cuisine et nous ne mangions que des plats végétariens; nous n'allumions pas de feu le shabbat, et lorsque Papa souhaitait fumer il sortait à l'arrière de la maison ou dans la rue adjacente.

Victoria, notre vieille domestique, considérait Grand-père avec beaucoup de respect. Elle lavait le sol de sa chambre une fois par jour. Je l'entendis dire à ma mère: «Tout le monde n'a pas la chance d'avoir un père comme le vôtre. C'est un homme d'exception.» Victoria proférait des choses qui me faisaient peur. Une fois elle dit: «Les Juifs ont oublié qu'il y a un Dieu dans les cieux.

— Pas tous, nuança ma mère.

— À la synagogue, il y a à peine le nombre nécessaire pour avoir le minyan le matin», s'obstina-t-elle.

Pour ma part, je n'avais aucun doute qu'il y eût un Dieu dans les cieux, et qu'il commandât non seulement les étoiles mais aussi ses créatures. J'avais hérité cette foi d'une autre domestique, plus jeune que Victoria, fort jolie, qui l'avait remplacée pour une courte période. Elle s'appelait Anna-Maria, et elle me répétait sans cesse qu'il y avait un Dieu dans les cieux et qu'il commandait non seulement aux étoiles mais à ses créatures aussi.

L'après-midi, Grand-père quittait son lit et sortait sur le balcon. Grand-père ne parlait pas de sa foi, mais tous ses gestes y ramenaient. Parfois il me semblait qu'il était seul parce qu'il était incompris, mais d'autres fois j'avais l'impression que sa chambre était pleine de vie, d'hôtes invisibles qui venaient lui rendre visite et avec lesquels il dialoguait dans la langue du silence.

Papa et Maman se disputaient parfois dans la cuisine. Ils se lançaient leurs arguments, poings serrés, tentaient de se convaincre par un flot de paroles, et lorsque les mots s'avéraient inutiles, ils laissaient échapper des sons brisés, s'éloignaient l'un de l'autre et se taisaient. Le silence de Grand-père, lui, était tranquille et dénué de colère, il ressemblait à un gros oreiller sur lequel on pose la tête.

Depuis l'arrivée de Grand-père chez nous, Papa n'émettait

plus de critiques à l'encontre des Juifs et de leur foi. Il était renfermé, évitait de parler; lorsqu'il revenait de ses expéditions fiévreuses, il allait droit à la cuisine, où Maman lui préparait une tasse de café et deux tranches de pain avec de la confiture. Il mangeait goulûment et engloutissait les deux tranches en une minute.

Ainsi les vents soufflaient-ils cette année-là dans notre maison : le silence de Grand-père et la tempête de Papa. Parfois mon père m'emmenait dehors la nuit et nous errions pendant des heures. Papa aimait les rues dallées et silencieuses de la nuit. Il enfilait une rue après l'autre, moi sur ses talons. Parfois il s'arrêtait et prononçait une phrase ou quelques mots. J'ignorais à qui étaient adressés ses propos. Quelquefois une joie étrange jaillissait de lui et il se mettait à chanter à tue-tête. Ainsi nous parvenions jusqu'au fleuve. Papa aimait le fleuve et plus d'une fois je l'avais vu se pencher au-dessus de son cours. Un jour il m'avait dit: «L'eau nous est plus proche que la terre», et il avait aussitôt ricané, comme s'il avait proféré une bêtise. Ces promenades agitées n'étaient pas toujours agréables, mais je m'en souviens plus que des maisons dans lesquelles je me suis rendu.

J'ignorais que c'étaient là les derniers jours à la maison, et pourtant je ne cessais de me répéter: Je dois m'asseoir près de Grand-père et le contempler. Je ne dois surtout pas rater la vision qu'il offre lorsqu'il est assis sur le balcon, ou son regard lorsqu'il compulse un livre. Il m'est également interdit d'oublier Maman, assise près de lui. Je pressentais que les jours à venir ne seraient pas bons, mais nul ne s'imaginait que le déluge s'abattait déjà sur nous avec force, et je restais des heures dans mon lit à lire Jules Verne, à jouer seul aux échecs, à en vouloir à mon père d'être si effrayé, de ne pas se raser le matin et de sortir si hâtivement de la maison.

Parfois il me semblait que mon père creusait un tunnel grâce auquel il espérait tous nous sauver, mais il progressait lentement et il n'était pas sûr que le tunnel fût achevé dans les temps. Compte tenu de cette lenteur, il essayait de trouver de la place sur un bateau qui nous mènerait à Gibraltar. Chaque jour était une nouvelle tentative pour forcer le mur qui s'était dressé autour de nous. Maman, quant à elle, était si occupée par les tourments physiques de Grand-père que les paroles de mon père, ou plus exactement ses plans, ne parvenaient pas à son cerveau. Papa réagissait à son manque d'écoute et à son attitude incohérente par des mouvements d'épaules nerveux, des mots durs, en évoquant des gens et des lieux dont je n'avais jamais entendu parler auparavant.

La mort nous cernait de toutes parts mais étrangement il semblait à Papa que, si nous faisions des efforts, un répit adviendrait, et même le salut. «Il faut faire des efforts», disait-il, et il était difficile de comprendre à quoi il faisait allusion. Il déversait son ressentiment principalement contre lui-même, et très peu contre nous. Une fois je l'entendis dire à Grand-père: «Nous avons besoin d'une immense miséricorde.» Je fus étonné par cette phrase dans sa bouche, et je crois que Grand-père aussi en fut étonné. Bien des phrases incompréhensibles bruissaient dans la maison. Nous vivions dans une brûlante énigme.

Maman agitait parfois les mains, comme pour chasser les

mauvais esprits. Papa était singulièrement agacé par ces gestes et il disait que notre époque exigeait un esprit mesuré et non du désespoir. Le désespoir nous accablait. Maman prenait sur elle, mais il me semblait qu'elle était toujours sur le point d'éclater en sanglots.

À la fin de l'été, lors d'une journée claire qu'aucun nuage n'assombrissait, Grand-père s'endormit et ne se réveilla pas. Victoria remarqua que sa respiration s'était arrêtée et elle appela Maman. Maman s'agenouilla sans émettre un son. Lorsqu'elle m'aperçut dans l'embrasure de la porte, elle m'attrapa et dit: «Que fais-tu ici?» Elle me confia aussitôt à la vieille voisine, Mme Horowitz. Je refusai et me démenai comme un diable. Mes cris renforcèrent manifestement sa détermination et elle me gifla. Mme Horowitz me tendit un bonbon enveloppé dans un papier jaune et dit: «Ne pleure pas, petit.» Je trépignais: la colère et l'humiliation étaient plus fortes que moi. Tard dans la nuit, on me ramena à la maison, fatigué et confus.

La maison était méconnaissable. Une foule de gens s'y était rassemblée. Victoria servait du café dans des petites tasses et le salon était enfumé. Papa se distinguait de tous. Il portait une kippa et titubait comme un homme ivre. Maman était assise à même le sol, enveloppée d'une couverture, entourée d'étrangers. Tous parlaient de sujets matériels, et pas de la mort de Grand-père, pour distraire Maman peut-être, mais rien ne la distrayait. Ses yeux demeuraient écarquillés.

Il me semblait soudain que tous étaient satisfaits de constater que la mort s'était enfuie de là, et qu'il était possible de s'asseoir et de boire le café que servait Victoria. Ce contentement me fit mal et je trouvai refuge dans ma chambre. À ma grande surprise, elle aussi était pleine de gens.

Cette fois, mon père ne put se contenir. Il se leva et condamna d'une voix forte les coutumes funéraires tribales sans dignité ni faste. Il en voulait particulièrement aux membres de la *Hevra Kadisha,* toujours pressés d'en finir avec la prière et de se débarrasser du linceul en le donnant aux croque-morts, et qui en sus de leur salaire réclamaient des aumônes. Je savais que les coutumes funéraires juives l'agaçaient profondément, mais cette fois sa colère avait trouvé des mots et il s'en servit plus que de raison. Finalement il conclut: «Moi, quoi qu'il en soit, je ne remettrai pas mon corps entre leurs mains. Mieux vaut être enterré dans le cimetière des pestiférés que dans un cimetière juif.» Il y eut un grand silence et personne ne réagit à ses propos.

Ensuite les gens se dispersèrent et la maison vide résonna de la seule voix de Papa. J'ignorais si Maman était d'accord avec lui. Elle était assise par terre et ne disait rien. Il y avait dans sa position quelque chose de Grand-père. Peut-être la façon qu'elle avait de poser les mains sur les genoux.

5

Dans le ghetto, les enfants et les fous étaient amis. Tous les repères s'étaient effondrés: plus d'école, plus de devoirs, plus de lever le matin ni d'extinction des feux la nuit. Nous jouions dans les cours, sur les trottoirs, dans des terrains vagues et de multiples endroits obscurs. Les fous se joignaient parfois à nos jeux. Eux aussi avaient tiré profit du chaos. L'hospice et l'hôpital psychiatrique avaient été fermés, et les malades, livrés à eux-mêmes, erraient dans les rues en souriant. Dans leurs sourires, en dehors du sourire lui-même, il y avait quelque chose d'une joie maligne, comme s'ils disaient: «Toutes ces années vous vous êtes moqués de nous car nous mélangions un sujet et l'autre, un temps et l'autre, nous n'étions pas précis, nous désignions les lieux et les objets par d'autres noms. À présent il est clair que nous avions raison. Vous ne nous avez pas crus, vous étiez si sûrs de votre bon droit et vous nous méprisiez, vous nous avez envoyés dans des hospices et vous nous avez enfermés derrière des portes verrouillées.» Il y avait quelque chose d'effrayant dans le sourire joyeux des fous.

Ils fêtaient leur liberté de différentes façons: ils s'asseyaient en tailleur dans le parc, chantaient, et les plus jeunes d'entre eux faisaient des compliments aux adolescentes et aux jeunes femmes; mais la plupart du temps ils restaient assis sur les bancs des jardins et souriaient.

Ils considéraient les enfants comme leurs égaux. Ils s'asseyaient en tailleur et jouaient aux osselets, aux dominos, aux échecs, au ballon, et même au football. Des parents apeurés sortaient de leurs gonds et s'en prenaient à eux. Les fous avaient appris à les reconnaître et ils s'enfuyaient à temps.

Il y avait parmi les fous des méchants et des dangereux qui se jetaient sur nous avec fureur. Nous aussi, nous avions appris à les reconnaître et nous les fuyions. Cependant la plupart d'entre eux étaient calmes et polis, ils parlaient de façon cohérente et, pour certains, il n'était même pas manifeste qu'ils fussent fous. On pouvait leur poser des questions portant sur le calcul, la géographie, ou les livres de Jules Verne. Certains étaient des médecins, des avocats, des riches dépossédés de leurs biens par leurs enfants. Parfois un fou interrompait le jeu pour nous parler de sa femme et de ses enfants. Il y avait aussi parmi eux des pieux qui priaient, faisaient les bénédictions et tentaient de nous enseigner le *Modé Ani* et le *Shema*. J'aimais les observer. Leurs visages étaient extrêmement expressifs. Ils aimaient jouer mais ne savaient pas gagner. Nous étions meilleurs qu'eux. En constatant leur défaite, ils éclataient de rire, comme pour dire: «Même les minus sont meilleurs que nous.» Il est vrai que chez certains fous l'échec provoquait la colère; ils jetaient alors les éléments du jeu ou s'agitaient. C'était une minorité. La plupart acceptaient de perdre avec le sourire, résignés.

Il arrivait qu'un malade mental se déchaîne dans la rue, frappe ou morde. On appelait aussitôt la police du ghetto. Cette dernière ne le ménageait pas et, pire encore, les policiers ramenaient tous les fous à l'hospice. Après un jour d'enfermement on les libérait. Nous les invitions alors à jouer aux échecs ou aux dominos. Étrangement, ils n'avaient pas de rancœur à l'égard des policiers, ou des gens qui les avaient livrés à la police. J'aimais observer leurs attitudes, la façon dont ils tenaient une assiette, rompaient le pain. Il arrivait qu'ils s'endorment dans le parc, recroquevillés, comme s'ils n'étaient pas des adultes mais des enfants fatigués par les jeux. Les jours de rafles, ils tentaient de s'enfuir, de se cacher, mais la police était, évidemment, plus rapide. Dans leur grande naïveté ils se cachaient sous les bancs du jardin ou grimpaient aux arbres. Il n'était guère difficile de les attraper. Leur course était lourde et embarrassée. Les policiers les attrapaient brutalement et les entassaient dans des camions. Personne n'implorait leur grâce. Il était entendu pour tout le monde que, si nous étions condamnés à la déportation, ils devaient être les premiers. Même leurs familles n'essayèrent pas de les sauver.

Durant l'une des rafles, je vis un camion bourré de fous. Les gens leur lançaient des tranches de pain, des morceaux de quiche et des pommes de terre sautées. Ils essayaient d'attraper les morceaux au vol. Sans succès, bien entendu. Ils se tenaient près des barreaux du camion et souriaient, comme pour dire: «Nous n'avons jamais réussi à faire ce qu'il fallait, c'est pourquoi on ne nous aimait pas. Mais à présent que nous vous quittons, pourquoi nous lapidez-vous? La nourriture ne nous est plus nécessaire. Un peu de sollicitude nous aurait allégés. À la place de cela, vous nous barbouillez d'aliments insipides.» C'est avec cette expression qu'ils nous quittèrent pour toujours.

6

Chaque ville a eu, apparemment, son Januscz Korczak. Chez nous c'est le directeur de l'internat, le professeur Gustav Gutsman, qui conduisit les enfants aveugles à la gare. Il était petit, de la taille des enfants, et très agile. Il était réputé pour sa méthode pédagogique: il enseignait tout en musique. De l'internat pour enfants aveugles parvenaient toujours des mélodies. Il croyait dur comme fer que le jeu musical était non seulement un bon moyen pour exercer la mémoire mais qu'il développait aussi une approche sensible aux êtres. Tous les enfants de l'internat avaient un ton de voix mélodieux, y compris lorsqu'ils parlaient entre eux. La fragilité de leurs corps ne faisait qu'un avec leur amabilité. L'après-midi, ils s'asseyaient sur les marches et chantaient des chants classiques et des chansons populaires en yiddish. Il y avait dans leurs voix de l'harmonie et de la douceur, et les passants restaient des heures debout près des clôtures, à les écouter.

Gustav Gutsman était un communiste notoire et il avait été arrêté plus d'une fois. Pendant ses périodes de détention, son adjoint, petit et communiste lui aussi, le remplaçait. Sans son dévouement, le comité directeur de l'institution l'aurait licencié. Au comité directeur siégeaient des commerçants respectables qui prétendaient que Gustav inculquait le communisme aux enfants, que son ascendant était fort, et que, en grandissant, les enfants répandraient ce poison. Les plus malins, eux, ne craignaient rien; ils objectaient que ce qui importait était le dévouement de Gutsman, et non ce qu'il enseignait. Un communiste aveugle de naissance ne présente pas de danger, au contraire, la théorie dans sa bouche semblerait ridicule.

Les polémiques au sein du comité étaient incessantes. L'un des commerçants, dont la contribution s'élevait à la moitié du budget de l'internat, était un homme pieux. Il posa deux conditions: l'enseignement de la religion et l'observance du shabbat dans l'institution. La discussion dura plusieurs jours. Finalement un compromis fut trouvé: l'enseignement de la religion deux fois par semaine et la prière le vendredi soir.

Le professeur de religion qui fut engagé était le fils du rabbin de Jadov. Il venait deux fois par semaine enseigner l'hébreu et la Torah aux enfants, et le vendredi soir il officiait. Les enfants aimaient son enseignement ainsi que les prières. Peu de temps s'écoula avant que la prière du vendredi soir fût célèbre dans toute la ville. Les gens se massaient contre les clôtures et écoutaient avec recueillement.

Gustav Gutsman ne baissa pas les bras. Il prétendit que la prière des enfants n'était rien d'autre qu'un chant. Le chant guide leur vie, et pas la foi religieuse, qui a quitté ce monde. Ne subsiste que la foi en l'homme, en sa capacité à changer, sa capacité à construire une société juste et à se sacrifier pour son prochain. Il inculquait cela aux enfants jour et nuit, et à la place de la lecture du «Écoute, Israël» du soir, il avait com posé un chant intitulé «Écoute, homme», dans lequel l'homme était sommé de faire don de ses biens aux nécessiteux quels qu'ils fussent. Comme tout croyant, Gutsman était un fanatique. Dans sa guerre contre le fils du rabbin de Jadov, tous les moyens étaient bons. Une chose cependant lui était interdite: répandre l'idée que la religion est l'opium du peuple; il se gardait en effet de déclarer cela en public mais, en cachette, il le chuchotait.

La lutte prit fin en 1941. L'institut pour aveugles, qui se trouvait dans la partie pauvre de la ville, devint subitement le centre du ghetto. Des fenêtres, s'élevaient à toute heure des chants qui pénétraient dans le ghetto surpeuplé et adoucissaient les vies persécutées jusqu'à l'obscurité.

Nul ne savait de quoi serait fait le lendemain, mais les enfants aveugles en savaient apparemment plus que nous. Ils devinaient que l'avenir n'était pas brillant. Un de leurs chants s'élevait soir après soir et fut connu sous le nom de «À mort la mort». Avec le temps, il devint l'hymne de l'institut. C'était un chant rythmé qui ressemblait à une violente élégie.

Gutsman travaillait avec les enfants sans relâche. La plupart de ses cours étaient des leçons de musique. Durant les récréations, il enseignait sa théorie: Les conditions difficiles dans lesquelles nous nous trouvons n'anéantiront pas en nous la foi en l'homme. Nous viendrons en aide aux plus faibles même s'il nous faut partager avec eux la seule tranche de pain que nous possédons. Le vrai communisme n'est pas seulement une répartition juste, mais aussi un don absolu.

Le 13 octobre 1942, le directeur de l'institut pour aveugles

reçut l'ordre de conduire les enfants à la gare. Ceux-ci revêti-
rent leurs tenues de fête, déposèrent dans leurs sacs à dos un
livre en braille, une assiette, une tasse, une cuiller, une four-
chette et des vêtements de rechange. Gutsman leur expliqua
que le chemin jusqu'à la gare n'était pas long, et qu'ils obser-
veraient cinq arrêts durant lesquels ils chanteraient des
chants classiques et des chansons en yiddish. Lorsqu'ils arri-
veraient à la gare, ils chanteraient l'hymne. Les enfants
étaient émus mais pas effrayés. Leurs yeux chaviraient d'émotion. Ils avaient compris que, à partir de maintenant, on exi-
gerait d'eux des choses qu'on ne leur avait pas demandées
jusque-là.

Le premier arrêt était le puits impérial. Il était réputé dans
la ville pour la qualité de son eau. Les Juifs pratiquants ne s'en
servaient pas car n'importe qui pouvait y avoir accès, le taver-
nier et le boucher des Gentils y puisaient. Durant l'arrêt, les
enfants chantèrent du Schubert. Le vent soufflait près du
puits et les enfants essayaient de donner de la voix. Personne
à part eux ne se trouvait là et leur interprétation ressemblait à
une prière. D'ordinaire Gutsman se gardait de faire des
remarques aux enfants en dehors des murs de l'institut. Cette
fois il perdit patience et dit: «Le chant est sacré, et il faut
s'appliquer même lorsque les conditions sont difficiles.»

Au deuxième arrêt non plus, place des Travailleurs, personne ne les attendait. Les enfants chantèrent du Bach et
Gutsman fut satisfait de leur interprétation. Sur cette place,
les communistes juifs se rassemblaient le 1er mai. Le rassem-
blement ne durait généralement que quelques minutes, la
police ne tardant pas à charger les manifestants, à les frapper,

à les disperser. Cette fois la place était vide. Quelques jeunes Ukrainiens debout sur les arbres criaient: «Les Juifs aux wagons», et jetaient des pierres.

Au troisième arrêt, les femmes apportèrent aux enfants de l'eau et des tranches de pain huilées. Les enfants se réjouirent de cet accueil chaleureux et chantèrent en yiddish. Lorsqu'ils eurent fini, les femmes ne les laissèrent pas partir. Elles criaient: «Nous ne vous donnerons pas nos enfants.» Gutsman intervint: «Nous irons avec tout le monde. Nous ne sommes pas différents. Ce qui adviendra de la communauté des hommes adviendra de nous aussi.» Une femme ne put se retenir de lui crier: «Communiste!»

Au quatrième arrêt, près de l'enceinte du ghetto, beaucoup de gens émus les attendaient et ils les comblèrent d'une multitude de cadeaux. Un homme qui se tenait au balcon cria: «Nous vous aimons, petits, et nous nous reverrons bientôt. Nous n'oublierons jamais vos chants. Vous étiez la sainte et fine fleur de notre ghetto.»

Les enfants alternèrent des chants classiques et des chansons folkloriques. Ils chantèrent même un passage d'un opéra de Verdi. Là aussi les femmes les entourèrent et ne les laissèrent pas partir. Mais ils n'étaient plus libres. Les soldats qui se trouvaient près de l'enceinte les frappèrent et les chants cessèrent aussitôt.

Sur le court chemin qui menait à la gare, les enfants s'arrêtèrent pour entonner un chant. Les gardes furent étonnés, apparemment, et ils les laissèrent chanter, mais pas longtemps. Ils firent claquer leurs fouets, et les enfants, qui se tenaient par la main, tremblèrent comme un seul corps.

«N'ayez pas peur, les enfants», murmura Gutsman, et les enfants continrent effectivement leur douleur. À la gare ils eurent le temps de chanter leur hymne jusqu'au bout avant d'être poussés vers les wagons.

7

J'ai rencontré des gens merveilleux durant les longues années de guerre. Dommage que le tumulte fût si grand et que je fusse un enfant. Pendant la guerre on ne tenait pas compte des enfants. Ils étaient le brin de paille que tout le monde piétinait, et pourtant il se trouva quelques personnes remarquables qui, dans la tourmente, adoptèrent pour un temps un enfant abandonné, lui donnèrent une tranche de pain et l'enveloppèrent dans un manteau.

En route vers l'Ukraine, j'ai vu dans une gare bondée de déportés une femme qui avait recueilli un enfant de quatre ans. L'enfant était échevelé, et la femme, assise sur son baluchon, le peignait avec des gestes lents, comme si elle ne se trouvait pas dans une gare de déportation mais dans un jardin public. Le visage pâle de l'enfant était rempli d'étonnement, il semblait comprendre qu'il s'agissait là d'une grâce à laquelle on avait droit une seule fois dans la vie.

Dans la soirée, un grand train de marchandises fit irruption en gare et ses portes s'ouvrirent. Les gendarmes ukrainiens faisaient siffler leurs fouets et il y eut une immense panique. La femme, qui savait apparemment ce qui nous attendait, implora l'enfant de s'enfuir et lui désigna un passage sous l'escalier, mais l'enfant était collé à ses jambes et suppliait: «Je ne veux pas.» Lorsqu'elle se mit à le tirer, il murmura: «J'ai peur.

– Il est interdit d'avoir peur, dit la femme en élevant la voix.

– J'ai peur, répéta l'enfant, comme s'il désirait faire pénétrer les mots dans le cœur de la femme.

– Il est interdit d'avoir peur», dit-elle d'une voix agressive.

Le corps de l'enfant se recroquevilla au son de sa voix.

«Je suis fâchée contre toi», dit la femme en arrachant de force les petites mains de l'enfant.

Mais l'enfant était agrippé à ses chevilles et ne bougeait pas.

«Si tu ne te sauves pas, je te frapperai», le menaça-t-elle.

La menace ne fit qu'amplifier la crispation de l'enfant autour de ses chevilles.

«Va-t'en, va!» dit-elle en changeant de ton, comme si elle parlait à un chiot, et pas à un enfant.

L'enfant se recroquevilla plus encore.

«Je te frapperai», dit-elle en retirant une jambe.

Mais l'enfant s'agrippait avec beaucoup de force. Des gens bousculaient la femme de tout côté et elle cria désespérément: «Prenez-le. Je n'en peux plus.»

Personne ne faisait attention à elle ni à ses cris. La foule était poussée vers les ouvertures des wagons, qui semblaient trop étroites pour engloutir tout ce monde. Finalement quelqu'un marcha sur l'enfant, qui se détacha de ses jambes. Elle sembla soulagée, ramassa son ballot et fut aussitôt projetée vers l'ouverture. L'enfant disparut entre les jambes.

«Tina, fit soudain la voix d'un enfant, comme surnageant au-dessus des autres.

– Que me veux-tu? dit la femme en élevant la voix afin qu'il l'entende.

– Tina», répéta l'enfant, dans une pure supplique.

La femme jeta son paquet et d'un mouvement brusque fit demi-tour, échappant à la pression de la foule pour revenir à l'endroit d'où elle avait été poussée.

«Où es-tu?» appela-t-elle, en le cherchant au sol.

Finalement elle le découvrit. Il était étendu par terre, ensanglanté. Elle se baissa et le traîna à l'écart des gendarmes. Elle se pencha vers lui, essuya son visage sanglant avec sa robe et dit dans un murmure: «Qu'as-tu fait?» L'enfant ouvrit les yeux.

«Je suis obligée de partir. Qu'y puis-je? Tu dois le comprendre.»

La cohue et le bruit s'intensifiaient et la femme cria ses dernières instructions: «Va tout droit vers le passage sous les escaliers. Il te permettra d'aller directement des quais aux champs. Ne révèle à personne que tu es juif. Tu entends? Lève-toi, tu entends?»

Il était manifeste que l'enfant comprenait, mais il n'avait pas la force de bouger.

«Sauve-toi», le pressa-t-elle.

Puis, comme l'enfant ne réagissait pas, elle l'attrapa vigoureusement, le souleva et, d'une voix qui n'était à l'évidence pas la sienne, hurla: «Écartez-vous, j'ai un enfant blessé.»

La tension régnait de toutes parts et nul ne lui prêtait attention, mais elle, mue par des forces qui la dépassaient, fut poussée directement vers l'entrée du wagon qui l'engloutit aussitôt.

8

Plus de cinquante ans ont passé depuis la fin de la Seconde Guerre mondiale. Le cœur a beaucoup oublié, principalement des lieux, des dates, des noms de gens, et pourtant je ressens ces jours-là dans tout mon corps. Chaque fois qu'il pleut, qu'il fait froid ou que souffle un vent violent, je suis de nouveau dans le ghetto, dans le camp, ou dans les forêts qui m'ont abrité longtemps. La mémoire, s'avère-t-il, a des racines profondément ancrées dans le corps. Il suffit parfois de l'odeur de la paille pourrie ou du cri d'un oiseau pour me transporter loin et à l'intérieur.

Je dis à l'intérieur, bien que je n'aie pas encore trouvé de mots pour ces violentes taches de mémoire. Au fil des années j'ai tenté plus d'une fois de toucher les châlits du camp et de goûter à la soupe claire qu'on y distribuait. Tout ce qui ressortait de cet effort était un magma de mots, ou plus précisément des mots inexacts, un rythme faussé, des images faibles ou exagérées. Une épreuve profonde, ai-je appris, peut être faussée facilement. Cette fois non plus je ne toucherai pas ce feu. Je ne parlerai pas du camp, mais de la fuite, qui eut lieu à l'automne 1942, alors que j'avais dix ans.

De mon entrée dans la forêt je ne me souviens pas, mais je

me rappelle l'instant où je me suis retrouvé là-bas, devant un arbre couvert de pommes rouges. J'étais si stupéfait que je fis quelques pas en arrière. Mon corps se souvient mieux que moi de ces pas en arrière. Chaque fois que je fais un faux mouvement du dos ou que je recule, je vois l'arbre et les pommes rouges. Cela faisait plusieurs jours que je n'avais pas mangé, et voici que se dressait devant moi un arbre couvert de fruits. Je n'avais qu'à tendre la main et à cueillir, mais je restai debout, paralysé par la surprise, et plus je restais ainsi, plus la paralysie augmentait.

Finalement je m'assis sur place et mangeai une petite pomme à moitié pourrie qui était tombée au sol. Après avoir mangé, je m'endormis. À mon réveil, le ciel rougeoyait déjà, je ne savais que faire et me mis à genoux. J'ai encore aujourd'hui la sensation de cette position et, chaque fois que je m'agenouille, je me souviens du coucher de soleil qui rougeoyait entre les arbres et j'ai envie de me réjouir.

Ce n'est que le lendemain que je cueillis une pomme de l'arbre. Elle était dure, acide, et la mordre me fit mal aux dents mais je la mordis encore et encore et la chair du fruit pénétra dans mon œsophage contracté. Après avoir été affamé pendant des jours, l'homme cesse d'avoir faim. Je ne bougeai pas. Il me semblait qu'il m'était interdit de quitter le pommier ainsi que le fossé près de lui. Mais la soif m'arracha au fossé et je partis chercher de l'eau. Je cherchai une journée entière et ce n'est que vers le soir que je trouvai un ruisseau. Je m'agenouillai et bus. L'eau dessilla mes yeux et je vis ma mère, qui avait disparu depuis longtemps. Je la vis tout d'abord debout près de la fenêtre, en contemplation, comme elle en avait l'habitude, mais soudain elle tourna son visage vers moi, étonnée que je fusse seul dans la forêt. J'allais me diriger vers elle mais je compris aussitôt que, si je m'éloignais, je perdrais le ruisseau, et je demeurai sur place. Je regardai à nouveau le petit cercle dans lequel Maman m'était apparue, et il se referma.

Ma mère fut assassinée au début de la guerre. Je n'ai pas vu sa mort, mais j'ai entendu son seul et unique cri. Sa mort est profondément ancrée en moi – et, plus que sa mort, sa résurrection. Chaque fois que je suis heureux ou attristé son visage m'apparaît, et elle, appuyée à l'embrasure de la fenêtre, semble sur le point de venir vers moi. À présent j'ai trente ans de plus qu'elle. Pour elle, les années ne se sont pas ajoutées aux années. Elle est jeune, et sa jeunesse se renouvelle toujours.

La peur que le ruisseau m'échappe était infondée. Je le longeai et, à ma grande chance, son cours s'étendait jusqu'à l'orée de la forêt. C'était un ruisseau pareil à ceux dont j'avais le souvenir, du temps des vacances avec mes parents, bordé de saules et s'écoulant lentement. À intervalles réguliers, je m'agenouillais pour boire de son eau. Je n'avais pas appris à prier, mais cette position me rappelait les paysans qui travaillaient aux champs et qui s'agenouillaient, se signaient et restaient immobiles.

Dans la forêt, personne ne meurt de faim. Voici un buisson de mûres et là, sous le tronc d'arbre, un plant de fraises des bois. Je trouvai même un poirier. Sans le froid la nuit, j'aurais dormi plus. À cette époque, je n'avais pas encore une vision précise de la mort. J'avais déjà vu de nombreux morts dans le ghetto et le camp, et je savais qu'un mort ne se relevait pas, que sa finalité était d'être jeté dans un trou, et malgré cela je ne percevais pas la mort comme une fin. J'espérais sans relâche que mes parents viendraient me chercher. Ce fol espoir m'accompagna durant toutes les années de guerre, il s'élevait de nouveau en moi chaque fois que le désespoir posait ses lourds sabots sur moi.

Je demeurai quelques jours dans la forêt. Peut-être jusqu'à l'arrivée de la pluie. De jour en jour il faisait plus froid entre les arbres. Il n'y avait pas d'abri et l'humidité s'infiltrait dans mes vêtements légers. J'avais la chance de posséder des chaussures hautes que ma mère m'avait achetées quelques jours avant l'invasion allemande, mais elles aussi prenaient l'eau et devenaient lourdes.

Je n'avais d'autre choix que de chercher asile dans l'une des masures éparpillées à flanc de coteau près de la forêt. La distance qui me séparait d'elles s'avéra plus grande que je ne l'avais cru. Après une marche soutenue, je me trouvai face à une bicoque dont le toit était recouvert d'une épaisse couche de paille. Dès que je m'approchai du portail, des chiens se jetèrent sur moi et j'eus le plus grand mal à leur échapper. Durant les jours de pluie, les paysans ne sortent pas de leurs chaumières et je demeurai sous la pluie, en sachant que l'heure où je tomberais dans une fosse pour y disparaître était proche. La pensée que je ne reverrais plus mes parents me fit flageoler et je chutai.

Tandis que le désespoir m'étreignait, je vis sur une colline proche une maison basse, et je remarquai qu'aucun chien ne se trouvait aux alentours. Je frappai à la porte et attendis craintivement. Au bout de quelques instants, la porte s'ouvrit sur une jeune femme.

«Que veux-tu, petit?

– Travailler», dis-je.

Elle m'observa et dit: «Entre.» Elle ressemblait à une paysanne. Pourtant, elle était différente. Elle portait une chemise verte avec des boutons de nacre.

Je parlais ukrainien car Victoria, notre bonne, me parlait dans sa langue maternelle. Je l'aimais et j'aimais sa langue. Ce n'est pas pour rien que la femme qui me fit entrer dans la hutte me rappelait Victoria, bien qu'il n'y eût aucune ressemblance entre elles.

«Que fais-tu ici?» demanda-t-elle.

L'instinct me murmura de ne pas lui révéler la vérité, et je lui racontai que j'étais natif de Lutchinetz, que mes parents avaient été tués durant le bombardement et que j'errais depuis. Elle me regarda, et il me sembla un instant qu'elle allait m'attraper par mon manteau et me gifler. Cette fois-là, ce fut une peur infondée.

«Tu ne voles pas? demanda-t-elle avec un regard scrutateur.

– Non», répondis-je.

Et c'est ainsi que je restai chez elle. J'ignorais qui elle était et en quoi consisterait mon travail. Dehors tombait une pluie battante, et j'étais heureux d'être entouré de murs, près d'un poêle qui répandait de la chaleur. Les fenêtres étaient petites, encadrées de rideaux de couleur, et sur les murs il y avait un nombre impressionnant de photos découpées dans des magazines.

Dès le lendemain je passais le balai dans la maison, lavais la vaisselle, épluchais des pommes de terre et coupais du chou rouge. Je me levais tôt et travaillais jusque tard dans la nuit. Une fois par semaine j'allais au magasin lui acheter du sucre, du sel, de la charcuterie et de la vodka. Il y avait une heure et demie de marche de la chaumière au village. C'était un chemin vert parsemé de grands arbres et de bétail.

À peine six mois auparavant j'avais des parents. À présent mon existence n'était plus que ce qui se déroulait devant mes yeux. Je volais quelques instants pour m'asseoir au bord d'un ruisseau. Ma vie antérieure était si loin qu'elle semblait n'avoir jamais existé. Il fallait attendre la nuit pour que, dans mon sommeil, je me retrouve avec ma mère et mon père, dans la cour ou dans la rue. Le réveil au matin me faisait l'effet d'une gifle.

La maîtresse des lieux s'appelait Maria et elle vivait seule. Presque chaque nuit un homme entrait dans sa chaumière et ils s'isolaient derrière le rideau. Ils commençaient par parler et boire de la vodka, puis ils riaient fort et finissaient par se taire d'un coup. La scène se rejouait dans le même ordre nuit après nuit. Je me répétais: «N'aie pas peur», et cependant j'avais peur. Parfois une sorte de plaisir étrange accompagnait la peur.

La nuit ne s'achevait pas toujours dans le calme. De temps en temps, une dispute éclatait. Maria avait la langue bien pendue. Lorsque quelque chose lui déplaisait ou qu'elle avait l'impression de se faire avoir, elle élevait une voix menaçante et faisait trembler les murs de la hutte, et si cela n'était pas suffisant elle jetait une assiette, une chaussure, ou tout autre objet qui lui tombait sous la main. Mais il y avait aussi des nuits où la rencontre se terminait dans le calme, par des baisers. L'homme promettait beaucoup d'amour et beaucoup de cadeaux, et Maria de son côté riait et minaudait.

Je m'allongeais près du poêle et les épiais. Parfois je ne me retenais pas et j'espionnais par les fentes entre les planches au-dessus du poêle. J'avais si peur que je ne pouvais rien distinguer mais une fois je vis Maria entièrement nue. Un plaisir chaud m'inonda.

La chaumière de Maria était composée d'une longue pièce dont le fond était caché par un rideau. Parfois elle m'ordonnait d'aller dans la cour pour y chercher des fleurs sauvages. Je les cueillais, remplissais les cruches d'eau et y trempais immédiatement les tiges. Une fois, dans un moment de colère, elle saisit une cruche et l'envoya droit sur la tête du grand paysan qui grondait après elle comme un ours.

Maria ne connaissait pas la peur. Lorsque quelque chose lui déplaisait ou que l'homme ne se conduisait pas convenablement, elle l'abreuvait d'injures. Si l'homme ne présentait pas d'excuses ou si ses excuses ne lui plaisaient pas, elle lui balançait un objet à la figure ou le mettait dehors. Plus d'une fois je l'entendis se faire traiter de «fille du diable».

Il y avait trois cuves en bois dans la hutte. Dans la petite elle se lavait les pieds. Dans la moyenne elle lavait son corps une fois le client parti. Et la troisième, la grande, était la baignoire de ses plaisirs. Elle s'y prélassait pendant des heures. Dans la grande baignoire elle chantait, bavardait, évoquait des souvenirs et même se confiait. Je l'ai souvent vue immergée dans l'eau, animal paresseux que même une grande cuve ne pouvait contenir.

L'hiver arriva sans crier gare. Les hommes ne venaient plus avec la même régularité qu'auparavant. Maria s'asseyait près de la table et battait des cartes. Le jeu la distrayait. De temps à autre elle éclatait de rire, mais parfois son visage s'assombrissait et elle poussait un cri. Une fois, dans un moment d'humeur sombre, alors que le sandwich que je lui avais servi lui avait déplu, elle m'agrippa et cria: «Salaud, je vais te tuer!»

Mais la colère n'est pas éternelle. Ses humeurs étaient aussi changeantes que le ciel. Dès que les nuages quittaient son visage, elle n'était que joie. Plus d'une fois elle me souleva de ses deux mains. Elle n'était pas grande mais elle était forte. Elle pouvait pousser la vache de l'étable avec ses épaules. La plupart du temps, elle restait repliée sur elle-même, ne m'adressait pas la parole, et il me semblait alors qu'elle rêvait d'un autre endroit.

Une nuit elle me raconta qu'elle avait de la famille dans la lointaine ville de Kichinev, et qu'elle irait certainement lui rendre visite un jour prochain. Je voulus demander quand, mais je ne le fis pas. Je savais que mieux valait ne pas poser de questions. Les questions provoquaient sa colère et j'avais déjà reçu des gifles pour en avoir posé. Je me faisais discret et l'interrogeais le moins possible.

En hiver elle s'éveillait tard ou restait dans son lit les yeux ouverts. Je lui servais une tasse de café, une tranche de pain beurré, elle s'adossait à l'oreiller et mangeait. L'hiver, elle semblait plus jeune. Elle chantait beaucoup, découpait des fleurs en papier, préparait des gâteaux et restait assise des heures devant le miroir à se brosser les cheveux.

«Et des frères, tu en avais? demanda-t-elle un jour.

– Non.

– C'est mieux ainsi. Moi, j'ai deux sœurs mais je ne les aime pas. Elles sont mariées et ont de grands enfants. Les parents non plus ne m'aiment pas», dit-elle en ricanant. Mais la plupart du temps elle m'ignorait, absorbée dans ses pensées, évoquant des noms de personnes et de lieux en poussant des jurons. Ses jurons étaient amers, et ils étaient plus effrayants que ses cris.

On s'enfonçait profondément dans l'hiver. Mes bras avaient beaucoup forci ces quelques semaines. La nourriture n'était pas abondante, mais la nuit je descendais voler une tranche de charcuterie ou un morceau de halwa, les restes des festins que Maria préparait pour ses invités. À présent je remontais sans difficulté le seau du puits et le portais directement dans la maison.

Ma vie antérieure me semblait lointaine et trouble. Parfois un mot, une phrase ou une ombre de la maison se mettaient à flotter sans crier gare et me bouleversaient. Lors d'une course que j'allais faire au village, un enfant ukrainien se jeta sur moi et cria: «Youpin!» Je fus pétrifié. La peur que quelqu'un m'identifiât m'habitait depuis que j'avais quitté le camp. Le cri de l'enfant confirmait cette crainte.

L'instinct me chuchota de conserver mon sang-froid et je lui courus après. L'enfant fut stupéfait par mon audace et se mit à crier: «Au secours! Au secours!» Il disparut dans une cour. J'étais content de ma hardiesse mais je m'adressai une mise en garde: Il y a encore en toi, apparemment, des traits qui te trahissent.

À partir de là, je pris soin d'atténuer les signes qui pouvaient me dénoncer. J'avais trouvé dans la remise une vieille veste élimée et je demandai à Maria la permission de la porter. Je trouvai également une paire de chaussures paysannes que j'attachai avec des cordelettes, à la manière des paysans. Le plus étrange est que cet accoutrement fait de guenilles fit naître en moi de nouvelles forces.

Vers la fin de l'hiver, je me sentis plus grand. Le changement était subtil mais je pouvais le percevoir. Les paumes de mes mains s'étaient élargies et avaient durci. Je m'étais lié avec la vache, j'avais appris à la traire, et le plus important: je n'avais plus peur des chiens. J'avais adopté deux chiots et, chaque fois que je revenais du village, ils m'accueillaient en me faisant la fête. Les chiots étaient mes meilleurs amis et je leur parlais parfois dans ma langue maternelle en leur racontant mes parents et la maison. Les mots qui sortaient de ma bouche étaient si étrangers que j'avais l'impression de leur mentir. Une nuit, Maria me surprit en m'interrogeant sur les origines de ma famille. Je répondis sans hésitation: «Des Ukrainiens fils d'Ukrainiens», et je fus heureux que cette phrase m'échappât. Sur ma couche, je notai qu'il s'agissait là d'une nouvelle mise en garde: pourquoi cette question, soudain?

Je m'habituais à cette vie et on peut dire que je l'aimais. J'aimais la vache, les chiots, le pain que Maria faisait cuir dans le four, la blancheur de la vaisselle en porcelaine, j'aimais même les durs travaux domestiques. Un jour, Maria s'enferma dans sa chambre et pleura longuement. J'ignorais la cause de ses pleurs et je n'osais la questionner. Il s'avéra que sa vie était mêlée aux vies de nombreuses personnes. Parfois lui parvenaient les salutations de ses vieux parents et de ses sœurs. Son ex-mari continuait aussi à la tourmenter de loin. On était peut-être plus à ses trousses qu'aux miennes, mais elle ne déclarait pas forfait. Elle se battait farouchement contre tous ses ennemis, et elle luttait plus encore contre elle-même et contre les démons qui la cernaient. Elle répétait que les démons étaient nombreux, qu'ils grouillaient partout et qu'il fallait s'en méfier dix fois plutôt qu'une. Afin d'adoucir ses malheurs, elle ne cessait de boire de la vodka. Les hommes appréciaient sa chair et les marques de leurs dents sur son cou et ses épaules étaient visibles. Elle maudissait souvent les mordeurs et les traitaient de «cochons», non sans exprimer la fierté de leur avoir fait perdre la raison.

La vodka, les hommes et les discussions la fatiguaient et la clouaient au lit souvent jusque tard dans la journée, parfois jusqu'aux heures les plus avancées de l'après-midi. Le sommeil était bon avec elle. Elle sortait de son lit légère et jeune et se mettait à chantonner. Je lui servais une tasse de café et elle m'appelait «mouton fou» car mes cheveux à cette époque étaient bouclés. Parfois elle me pinçait les fesses avec affection. J'aimais sa bonne humeur et je craignais sa mélancolie. Lorsqu'elle était heureuse, elle chantait, dansait, prononçait le nom de Jésus et disait: «Le Messie mon bien-aimé ne me trahira jamais.» Sa joie remplissait la hutte d'une lumière merveilleuse, mais ses accès de dépression étaient plus violents que sa joie. Ils étaient profonds et rudes, ils assombrissaient la hutte en un rien de temps. Dans un de ces moments sombres, elle cria à mon attention : « Bâtard fils de bâtard, menteur fils de menteur, je vais t'égorger avec un couteau de cuisine ! » Cette menace, plus que toute autre, s'infiltra dans mon âme. Il était clair qu'elle connaissait mon secret et qu'au moment propice elle mettrait son projet à exécution. Si ce n'était la neige, j'aurais fui, mais, bien qu'ayant faibli, elle tombait jour et nuit et enlaidissait les journées.

La neige cessa et vint la pluie. En se vidant de tout souvenir, ma vie était devenue aussi plate que les pâturages qui m'entouraient. Même en rêve je ne voyais plus mes parents. Parfois il me semblait que j'étais né là, dans cette obscurité, et que ce qui s'était passé auparavant n'était qu'un mirage. Une fois je vis ma mère en rêve, elle se détachait de moi et me tournait le dos. J'eus si mal que, le lendemain, je déversai ma fureur sur la malheureuse vache dans l'étable.

La fin de l'hiver arriva et ne réchauffa pas mon corps. Le chemin de la maison au village se transforma en une bouillie collante. Je revenais entièrement maculé de boue. Les jeunes hommes que Maria aimait ne réapparurent point. À leur place venaient de vieux paysans, lourds et taciturnes, que Maria traitait de « chevaux ». Elle couchait avec eux sans désir et finissait par marchander. Une fois elle se battit avec l'un d'eux et le griffa copieusement.

Les jours allaient en s'éclaircissant mais ils ne m'apportaient pas de quiétude. J'avais peur de Maria. Elle descendait les bouteilles les unes après les autres, jurait et projetait des objets autour d'elle. Elle s'en prenait à moi aussi. Chaque fois que la vodka ou la charcuterie lui déplaisaient, elle me giflait, m'appelait «bâtard fils de bâtard» et m'envoyait au diable.

Mes craintes se réalisèrent, mais pas comme je l'avais imaginé. Les pluies violentes qui s'abattaient depuis un mois sur la hutte eurent raison du toit et du plafond. La hutte en bois, qui était sans aucun doute vieille et pourrie de l'intérieur, s'effondra. Soudain, en plein milieu de la journée, nous nous trouvâmes, Maria et moi, dans la hutte béante: les objets étaient broyés et le lit, sur lequel de nombreux paysans avaient pétri la chair de Maria, se dressa d'un mouvement brusque, comme s'il prenait son élan vers le ciel au lieu de s'effondrer. Sur le grand édredon dans lequel Maria s'enveloppait gisait une grosse poutre.

À la vue du désastre, un rire houleux et sauvage jaillit d'elle. «Regardez, dit-elle, regardez ce que m'ont fait les démons.» Un instant je crus qu'elle se réjouissait réellement de la destruction qui était enfin venue la délivrer de sa mélancolie. Mais rapidement le rire se figea sur ses lèvres, ses yeux devinrent vitreux et une colère sombre gagna ses mâchoires. Je connaissais cette colère et j'en avais peur.

J'espérais que Maria me dirait quoi faire. J'étais malheureux que la hutte, dont je connaissais les moindres recoins, se fût effondrée. Je commençai bêtement à ramasser les assiettes et les plats tombés des étagères, et les posai sur le plan en bois où l'on préparait les repas. Il me sembla tout d'abord que Maria était satisfaite de me voir agir ainsi, mais elle ne tarda pas à élever la voix: «Que fais-tu, bâtard? Qui t'a demandé de faire cela? Va-t'en. Que je ne voie plus ta figure.» Elle prononça ces mots en me giflant, mais elle ne se contenta pas de cela: elle me poursuivit, un pieu à la main, et me frappa. J'avais vu le pieu et je tentais de me redresser mais je ne le pouvais pas. Finalement, comme un cheval harnaché qui se dégage d'un marécage à force de coups de fouet, je me relevai et me mis à courir.

Plus de cinquante ans ont passé et la même peur habite mes jambes. Parfois il me semble que le pieu qu'elle agitait au-dessus de moi est encore brandi. Je ne retournai pas chez elle. Mais, plus que de cette séparation humiliante, je me souviens de son visage qui changeait soudain et s'enveloppait de joie. Sa joie comme sa tristesse ne connaissaient pas de limites. Lorsqu'elle était heureuse, elle ressemblait à la photo de la femme accrochée à la tête de son lit: jeune, auréolée d'une masse de boucles, vêtue d'une robe d'été que retenaient deux bretelles, grande, fine, un sourire flottant sur son visage. Apparemment, c'est ainsi qu'elle souhaitait se voir, ou peut-être ainsi qu'elle souhaitait qu'on se souvienne d'elle.

9

Il est des visions qu'un homme ne peut oublier facilement.
J'avais dix ans et j'étais dans la forêt. L'été dans la forêt est
plein de surprises. Là, un cerisier, et au sol, un buisson de
fraises des bois. Cela fait deux semaines qu'il n'a pas plu. Les
chaussures et les vêtements ont séché et exhalent une agréable
odeur de moisissure. Il me semblait que, si je trouvais le bon
chemin, il me conduirait droit vers mes parents. La pensée
que mes parents m'attendaient m'a protégé durant toute la
guerre. Les chemins me menaient en effet hors de la forêt,
mais pas vers mes parents. Chaque jour j'essayais un autre
chemin et chaque jour j'étais déçu.

Le panorama à la lisière de la forêt était immense et
exaltant: des champs et des champs de maïs à perte de vue.
Parfois je restais immobile pendant des heures à attendre mes
parents. Au fil des jours, je m'étais inventé des signes présa-
geant leur retour: si le vent était fort, si je voyais un cheval
blanc, si le coucher du soleil n'était pas incandescent. Ces
signes aussi me décevaient, mais pourtant je ne désespérais
pas. J'inventais d'autres signes, trouvais d'autres chemins. Je
restais assis au bord du ruisseau et rêvais les yeux ouverts de
leur retour.

Parfois la tristesse de mourir sans revoir mes parents en ce monde m'assaillait. J'imaginais ma mort de différentes façons, tantôt comme un vol plané, tantôt comme le flottement de mon corps au-dessus des champs de maïs. J'étais persuadé qu'après ma mort je ne m'égarerais plus, les signes ne me tromperaient plus, il n'y aurait qu'un chemin, et il me mènerait directement à eux.

Sur les routes qui menaient au camp, et au camp aussi, j'avais vu beaucoup de cadavres. Pourtant je refusais de considérer ma mort comme semblable à la leur. Le fantasme penche le plus souvent vers le sentimental et le sublime. La *happy end* n'est pas qu'une invention artistique, elle est ancrée, manifestement, dans l'esprit de l'homme.

Un jour très tranquille (d'ailleurs, la plupart des jours étaient tranquilles et, hormis le cri d'un oiseau de proie, aucun son discordant ne se faisait entendre dans la forêt), alors que je me trouvais au bord d'un champ de maïs, fasciné par son mouvement de houle et par le vert qui alternait avec une nuance plus foncée, je vis soudain un minuscule corps noir bouger au-dessus des vagues. Il semblait nager sans difficulté. Ce corps minuscule était loin de moi et pourtant je pouvais clairement distinguer ses gestes.

Tout en le suivant des yeux, j'entendis dans le lointain des voix étouffées, un mélange de bruits du vent et de voix humaines. Je me tournai de tout côté et je ne vis rien. Le petit corps noiraud avançait, on aurait dit qu'il s'efforçait de parvenir jusqu'à la forêt.

Tandis que j'essayais de distinguer la provenance des voix, je vis sur le coteau près de moi – un champ de maïs également – une multitude de corps humains qui avançaient rapidement, comme sur un radeau. Au début je ne fis pas le lien entre le corps minuscule qui nageait au-dessus du maïs et les grands corps, mais rapidement je vis : ces derniers avançaient en poussant des cris de guerre, fouillant et ratissant le champ. Le corps minuscule, qui au début m'avait semblé nager avec facilité, s'était apparemment fatigué. La distance entre la forêt vers laquelle il nageait et lui n'avait pas diminué.

Tout cela se déroulait à quelques centaines de mètres de moi et, bien que je visse les gens, je n'attribuais pas ce mouvement puissant aux hommes mais à la nature. Il me semblait que les vents prenaient des forces avant la tempête et que bientôt ils souffleraient sur les champs de maïs et les moissonneraient.

La vérité ne tarda pas à m'apparaître. Le petit corps n'était autre que celui d'un enfant, et ceux qui le poursuivaient, des paysans. Une foule de paysans, des haches et des faucilles à la main, avançant d'un mouvement décidé pour l'attraper. À présent je voyais parfaitement la silhouette de l'enfant, qui respirait lourdement en tournant la tête régulièrement. Il était clair qu'il ne se sauverait pas, il ne pouvait pas se sauver. Les autres étaient nombreux et couraient plus vite que lui, bientôt ils mettraient fin à sa course.

Je contemplais les visages sombres et robustes des paysans et leur progression rapide. L'enfant déployait tous ses efforts, mais ils étaient vains. Il fut attrapé, non loin de la forêt. Je pus encore entendre ses cris suppliants.

Ensuite je vis le troupeau humain retourner vers le village. Ils rentraient triomphalement, comme après une chasse fructueuse. Deux jeunes paysans traînaient l'enfant par les bras. Je savais que bientôt, s'il restait en vie, ils le livreraient à la police, et au fond de moi je savais que mon sort, le jour venu, ne serait pas différent du sien. Pourtant, lorsque la nuit venue je posai la tête contre la terre, je fus heureux d'être en vie et de voir les étoiles à travers les arbres. Ce sentiment égoïste, que je savais ne pas être un sentiment pur, m'enveloppa et me fit plonger dans un profond sommeil.

10

J'ai rencontré beaucoup de gens courageux et nobles pendant la guerre. Je me souviens particulièrement des frères Rauchwerger. Ils étaient grands et robustes et ressemblaient aux manutentionnaires ruthènes. Il y avait en eux une sorte de candeur non juive qui transparaissait dans leurs gestes. Ils faisaient confiance aux autres et ne marchandaient pas. Tout le monde les roulait mais ils n'étaient jamais en colère, ne criaient pas et ne levaient la main sur personne.

L'aîné, Otto, avait travaillé plusieurs années dans un dépôt de bois tenu par un Juif. Ce dernier était un être rabougri qui exploitait sa force physique, et le faisait travailler jusqu'aux heures tardives de la nuit. Otto ne se plaignait pas et ne réclamait pas d'augmentation. Parfois il entrait dans une taverne, buvait quelques verres et invitait les clients misérables à se joindre à lui. Les pauvres l'aimaient et l'embrassaient comme s'il était leur frère aîné. Il était heureux à la taverne et y dépensait tout son argent. Les honnêtes gens ne l'aimaient pas. Sa candeur et sa droiture passaient pour de la bêtise. Ils disaient: «Un homme malléable qui ne réclame pas son dû est un golem.» Lorsque la guerre éclata, tous les dépôts fermèrent et Otto demeura comme tant d'autres sans travail. Il passa quelques jours à la taverne, dépensa ce qu'il possédait et, lorsqu'il ne lui resta plus un sou, il se rendit à l'orphelinat pour y travailler bénévolement.

Le matin il taillait les arbres et remplissait les réservoirs d'eau, apportait les vivres et épluchait des pommes de terre. Le soir il lavait les orphelins en chantant, en imitant des animaux, puis il les endormait avec des berceuses. Des gens qui l'avaient bien connu dirent: «Sa joie au temps du ghetto était stupéfiante.»

Lorsque les rafles commencèrent, il cacha les orphelins dans des caves et de là les fit passer par les égouts vers des fermes et des monastères. Après chaque passage, son visage rayonnait comme celui d'un enfant.

La déportation ne l'épargna pas. Lors de la marche forcée à travers les plaines d'Ukraine, il aida les faibles et enterra les morts. Au cours de la guerre, son visage changea, sa barbe poussa, il ressemblait à un rabbin réincarné dans un corps non juif.

Je n'étais pas avec lui au camp de travail mais je le croisai de nouveau après la libération. Il avait maigri. Une certaine spiritualité émanait de son visage. La plupart des réfugiés semblaient misérables et désespérés et lui n'avait pas changé d'un iota: la même inclination du corps qui exprimait la sollicitude, la même volonté naturelle de tendre la main et d'aider, la même abnégation.

Après la libération, les gens amassaient de la nourriture et des vêtements, occupés à cela jusqu'à la nausée. Otto ne changea rien à ses habitudes. Il fit là ce qu'il avait fait au ghetto. Il épluchait des pommes de terre dans la cuisine du

Joint * et lavait la vaisselle. Pendant la guerre, les gens avaient changé du tout au tout. Des personnes convenables qui dirigeaient de grandes entreprises volaient du pain la nuit, et d'honnêtes commerçants étaient devenus en une nuit des ennemis pour leurs propres enfants. Mais certains, pour la plupart des gens du peuple, étaient apparus comme des sauveurs. Max, le frère cadet, était de ceux-là.

Après que sa famille eut été prise et envoyée dans les camps, il resta seul et commença à travailler bénévolement à l'hôpital. Il acquit aussitôt la réputation d'un homme honnête et dévoué, et chaque fois qu'il allait dans la rue demander des dons pour les malades, les gens remplissaient son panier de pain, de sel, de sucre et de bonbons pour les enfants. Tous lui faisaient confiance, venaient lui proposer ce qu'ils avaient ôté de leur bouche et de la bouche de leurs enfants. Plus d'une fois on lui apporta la moitié d'une orange ou d'un citron, parce que les malades en avaient plus besoin.

De Max, qui quelques mois auparavant vendait du charbon dans une cabane qu'il avait construite sur un terrain vague, qui attendait les clients pendant des heures et finalement vendait à moitié prix, de ce Max, il ne demeurait plus rien. Sa métamorphose était telle qu'on avait peine à y croire. Il s'était redressé et sa taille était imposante. Il ne restait aucun souvenir de son occupation antérieure. Il ressemblait à un portefaix, la peau brunie, prêt à offrir ses épaules à toute charge. Il se trouvait des gens pour dire: «Il a perdu la raison.»

* L'astérisque renvoie aux notes rassemblées en fin d'ouvrage (*NdT*).

La plupart savaient que Max était entièrement dévoué aux malades, qu'il était concentré dans son travail, mais qu'il n'était pas fou.

Il travaillait du matin au soir et dormait dans une chambre près du dépôt de bois, afin d'être sur place si on avait besoin de lui. Lorsque les malades furent déportés, il s'en alla avec eux.

Karl, le plus jeune frère, était sourd-muet de naissance. Comme il était aussi grand et robuste que ses frères, il gagnait sa vie comme transporteur. Il travaillait pour le propriétaire d'un camion, un homme vulgaire qui le traitait avec cruauté, lui donnait des coups de pied et le giflait. Karl, qui était aussi candide qu'un enfant, supportait tout cela sans se plaindre ni se rebeller. Il travaillait du matin au soir et avait du mal à s'en sortir.

Au ghetto, il revint à son lieu premier: l'institut pour sourds-muets. L'équipe se souvenait de lui et l'accueillit à bras ouverts. Le temps du ghetto fut celui de son épanouissement. Il transportait des meubles, des sacs de pommes de terre, des tonneaux et une multitude d'autres choses. Au sein de sa famille, les sourds-muets, il était aimé. Si quelqu'un s'en prenait à un des siens, il le défendait ardemment.

Tout le monde se demandait comment avaient grandi ces jeunes qui n'avaient pas étudié au lycée et ne lisaient pas les journaux. Que leur avaient inculqué leurs parents – des gens simples – pour qu'ils fussent de si courageux sauveurs? Personne n'émit d'hypothèse intelligente.

Le destin du jeune Karl fut différent de celui de ses grands frères. Un officier roumain se jeta sans raison apparente sur l'un des sourds. Karl alla lui demander de le laisser tranquille. L'officier le frappa également. Karl tituba et tomba, mais il recouvra rapidement ses esprits, saisit l'officier à la gorge et l'étrangla.

Il fut arrêté et fusillé la nuit même dans la cour du commissariat.

11

Ce n'est qu'en Italie, après la guerre, que j'ai entendu parler de l'enclos surnommé «Keffer». Des réfugiés s'asseyaient par groupes et décrivaient des horreurs. Ils semblaient parfois rivaliser pour établir qui avait vu le plus de choses et qui avait souffert le plus. Nous, nous ne savions pas raconter. Nous restions assis et écoutions. Parfois on nous tourmentait avec des questions. Durant les années de guerre, nous avions appris à ne pas répondre.

Les gens parlaient et évoquaient des scènes, mais pas tout, s'avéra-t-il. Certaines abominations étaient au-delà des mots et demeuraient de sombres secrets. Par exemple, l'enclos «Keffer». Chaque fois que quelqu'un prononçait ce mot, on le faisait taire. Une nuit j'entendis l'un des réfugiés dire: «Il y a des horreurs dont il est interdit de parler.

— Pourquoi? s'étonna un autre réfugié.

— Je ne peux pas t'expliquer.

— Nous sommes obligés de tout raconter, afin que tout le monde sache ce que l'on nous a fait subir.

— Je ne vais pas me disputer avec toi.

— Si nous ne sommes pas témoins, qui témoignera?

— De toute façon, on ne nous croira pas.»

Cette discussion, comme tant d'autres, n'éclaircit rien. Il y avait des horreurs qu'on détaillait et d'autres dont personne n'osait parler. Comme je l'ai déjà dit, j'ai entendu parler de l'enclos «Keffer» en Italie, bien que j'eusse saisi quelques détails troubles auparavant. Une nuit j'entendis de la bouche d'un rescapé du camp de Kaltchund des précisions sur l'enclos. C'était un petit homme solide et large d'épaules auquel la guerre n'avait rien ôté de sa robustesse. Son visage était rugueux comme celui d'un boxeur. Son attitude disait: Je suis prêt pour une autre guerre.

Il ignorait apparemment l'interdiction, décrétée par les réfugiés, de toute évocation de cette horreur. Ils tentèrent de l'arrêter au début mais il ne comprit pas, ou les ignora, et il s'entêta à raconter: «L'enclos "Keffer" était une partie indissociable du camp de Kaltchund, et de certains endroits on pouvait le voir presque entièrement. C'était l'enclos des chiens-loups utilisés pour monter la garde, pour la chasse, et principalement pour les chasses à l'homme. On faisait venir les chiens dressés d'Allemagne, ils étaient soignés par les gardiens et les officiers. Le soir on les sortait pour les chasses à l'homme, et tous voyaient alors combien ils étaient grands et fiers, et combien ils ressemblaient plus à des loups qu'à des chiens.

«Kaltchund était un camp de travail métallurgique où l'on fabriquait des munitions. Seuls des hommes forts y étaient amenés, et malgré les conditions difficiles ils tenaient le coup un an, parfois plus. Si des femmes faisaient partie du convoi, elles étaient frappées et renvoyées là d'où elles venaient. Une fois, quelques vieilles femmes furent amenées et aussitôt exécutées. Un jour arriva un convoi dans lequel se trouvaient des petits enfants. Le commandant du camp ordonna de les déshabiller et de les pousser dans l'enclos. Les enfants furent dévorés aussitôt, apparemment, car nous n'entendîmes pas de cris.

« Et cela devint une habitude. Chaque fois qu'arrivaient au camp des petits enfants (et il en arrivait quelques-uns chaque mois), ils étaient déshabillés et poussés dans l'enclos.

« Un jour il se passa une chose étonnante: les chiens dévorèrent leurs victimes à l'exception de deux d'entre elles, et plus encore: les enfants étaient debout et les caressaient. Les chiens semblaient contents, et les gardiens aussi. À partir de là, les gardiens prirent l'habitude de jeter des morceaux de viande aux chiens et des bouts de pain et de fromage aux enfants. Le commandant du camp faisait visiter l'enclos à ses invités.

« Mais l'enclos, en fin de compte, n'était pas un lieu sûr. Des chiens-loups sont des chiens-loups. Si on les affame, ils ne connaissent pas la pitié. Même des enfants qui étaient dans l'enclos depuis plusieurs semaines furent dévorés.

« S'il n'y avait eu l'enclos, le camp de Kaltchund aurait été considéré comme supportable, mais l'enclos faisait de ce camp de travail un camp de la mort. À Kaltchund, les gens n'étaient pas exécutés, mais la vision des enfants conduits vers leur mort était aussi notre défaite. Rien d'étonnant à ce que les suicides y fussent nombreux. »

Le rescapé poursuivit: « Une fois nous vîmes un enfant hors de l'enclos. Il rampait à quatre pattes près de la clôture et faisait des signes aux chiens. L'extérieur l'effrayait apparemment plus que les chiens à l'intérieur et il préférait retourner dans l'enclos.

« Une nuit, un enfant se sauva de l'enclos et arriva jusqu'à notre baraquement. Son apparence faisait peur. Son visage et son cou étaient violemment meurtris mais il ne se plaignait pas et ne pleurait pas. Les gens essayèrent en vain de faire sortir un son de sa bouche. Plus tard il laissa échapper quelques syllabes qui ressemblaient à des aboiements hachés.

« Le risque était grand mais nous étions prêts à le courir, et nous le cachâmes donc dans une caisse. La nuit nous ôtions le couvercle, nous lui donnions à boire et à manger. La pensée que nous avions un enfant dans le baraquement changea nos vies ce même automne. Il y avait une forte compétition entre nous, chacun se battait pour lui donner sa part.

« De temps à autre, il semblait qu'il se remettait et que ses blessures guérissaient. Au fil des jours nous améliorâmes la caisse et nous lui arrangeâmes un coin pour y mettre un petit bidon d'eau. Une nuit, en soulevant le couvercle, nous vîmes que l'enfant ne respirait plus. Nous avions peur de sortir et nous l'enterrâmes dans le baraquement. Dès lors, il fut encore plus présent parmi nous. Nous étions étrangement persuadés qu'une nuit il se lèverait pour nous parler.

« Ce fut ainsi jusqu'à l'arrivée des Russes. Lorsque l'armée rouge entra dans le camp, il y avait deux enfants dans l'enclos. On les fit sortir et on les emmena au bureau des enquêtes. Les enfants étaient ahuris, ils balbutièrent quelques syllabes hachées, haussèrent les épaules, et l'un d'eux trépigna, mais aucune phrase ne sortit de leur bouche. Les enquêteurs essayèrent de leur parler en yiddish et en polonais. Finalement, un vieil homme fut amené au baraquement et il essaya de les amadouer en hongrois. Tout cela en vain. Les enfants avaient été sauvés, mais leur langue avait été mutilée.

«Un rescapé fit irruption et raconta aux enquêteurs, en bégayant d'émotion, ce qu'avait été l'enclos et ce que les enfants avaient subi. L'un des enquêteurs refusa de le croire et demanda qu'on fasse venir un autre témoin. L'autre témoin, un homme grand et fort, confirma qu'il avait vu de ses propres yeux comment les chiens avaient dévoré les enfants, car il travaillait aux fours et de là-bas, et seulement de là-bas, on voyait l'enclos dans sa totalité.»

Le rescapé conclut sur un autre ton: «À Kaltchund, les survivants ne se dispersèrent pas immédiatement après la libération. Un infirmier militaire lava les deux enfants et les pansa. Un ahurissement effrayant régnait dans leurs yeux. Ils restaient assis sur leurs lits la majeure partie de la journée, figés dans le silence. Finalement, il leur arriva ce qui arrivait aux adultes rescapés: ils commencèrent à se battre, et il fallut les séparer.»

12

Des gens mauvais, violents et corrompus nous ont agressés tout au long de notre route, d'Ukraine jusqu'en Italie. Les plus répugnants étaient les pervers. Ils séduisaient les enfants, abusaient d'eux puis les abandonnaient. Les enfants meurtris ne se plaignaient pas, ils ne pleuraient pas. Une sorte de silence s'était contractée sur leurs visages. Comme si un secret s'y était gravé. Ils portèrent ce secret de longues années, à la Alyat Hanoar*, et plus tard à l'armée.

Durant ma première année à l'université, je vis un jeune de mon âge dont le visage était crispé comme ceux des enfants maltraités. Je n'allai pas vers lui. À ma grande surprise, il s'adressa à moi pour me demander mes notes car il avait manqué trois cours. Je ne m'étais pas trompé: il avait été dans un ghetto et dans un camp, et comme moi il avait été miraculeusement sauvé. Après la libération, il avait fait la longue route de toutes les tortures d'Ukraine jusqu'en Italie. Il était arrivé en Israël deux mois après moi.

Deux jours plus tard, il me rendit mes cahiers, me remercia, mais nous ne convînmes pas de nous revoir. Plus tard je remarquai qu'il gardait ses distances, comme s'il sentait que je savais quelque chose de son secret. Je gardai également mes distances, afin qu'il ne se sente pas menacé.

À la libération, nous étions cernés de toutes parts par des gens mauvais, mais il y en avait d'autres auxquels la guerre avait ajouté une dimension de grandeur. Leur démarche était plus lente, leur regard s'était ouvert et une sorte de spiritualité éclairait leur visage. Pour la plupart des gens cultivés, mais aussi des gens simples, étaient parvenus à ce degré. Contrairement aux autres réfugiés, ils ne constituaient pas de stocks de nourriture et ne commerçaient pas. Le plus souvent ils étaient plongés en eux-mêmes. De tels êtres silencieux se trouvaient dans chaque colonne de réfugiés, chaque camp de transit. Avec le temps, lorsque les camps s'agrandirent, ils devinrent moniteurs ou instituteurs, et ils protégeaient les enfants de toutes leurs forces. Ils se battaient non seulement contre les trafiquants, les rabatteurs, les clandestins et les pervers, mais aussi contre le Joint, qui n'ouvrait pas suffisamment de classes et distribuait les cahiers et les livres avec parcimonie.

Dans cette zone de non-droit où régnaient les profits, les pots-de-vin, les fraudes, ils enseignaient aux enfants la lecture et l'écriture, l'addition et la soustraction, ainsi que des chapitres de la Bible. Il y avait parmi eux d'anciens maîtres de lycée, des professeurs d'université. La guerre leur avait ôté leurs titres, leur statut social, leur carrière. À présent ils ne demandaient qu'une chose: être auprès de ceux qui souffraient le plus. Ils enseignaient le yiddish, l'hébreu, le calcul, la Bible et le français. Il y avait parmi eux des musiciens qui enseignaient la musique et c'est ainsi que nous eûmes la chance de nous trouver, pour peu de temps, en compagnie de gens merveilleux. Ils n'avaient pas toujours la possibilité de défendre les enfants. Les camps étaient ouverts. Les trafiquants et les pervers étaient tapis dans les moindres recoins. Il faut ajouter à cela que tous les enfants n'avaient pas envie d'apprendre. Certains, après deux jours d'étude, fuyaient chez les contrebandiers. Les maîtres leur couraient après dans l'espoir de les sauver, mais les contrebandiers étaient plus rapides. Il y avait parmi les rescapés des enfants extraordinaires, possédant une mémoire phénoménale, un sens aigu de la musique, et des enfants de dix, onze ans qui parlaient plusieurs langues à la perfection. Les forêts et les cachettes n'avaient pas seulement déformé les enfants, elles avaient aussi fait émerger des dons nobles. Ces enfants n'étaient pas guettés par les contrebandiers mais par les «imprésarios». Ils les enlevaient, leur bandaient les yeux et les emmenaient loin, en camionnette. La côte italienne était semée de camps de transit et tout le monde recherchait des distractions.

C'est le poète Y. S. qui nous instruisit, un petit homme maigre et chauve qui ne payait pas de mine et ressemblait à un commerçant, mais dès qu'il prononçait quelques mots sa voix faisait votre conquête. Il nous apprenait la poésie et le chant, le tout en yiddish. Il faisait partie des instructeurs dépêchés par Erets-Israël. Ces derniers étaient des tenants de l'hébreu, et lui, du yiddish. Les instructeurs d'Erets Israël étaient plus grands que lui, beaux, et surtout ils parlaient au nom de l'avenir, au nom de la transformation positive, au nom de la vie qui nous attendait en Palestine. Lui, bien entendu, parlait de ce qui avait été, de la continuité qui serait rompue si on ne parlait pas la langue des suppliciés. Celui qui parle la langue des suppliciés leur assure non seulement le souvenir en ce monde mais élève un rempart contre le mal et transmet le flambeau de leur foi de génération en génération. Les camps de transit étaient à cette époque un terrain de combat. Parfois il semblait que toutes les disputes portaient sur les enfants. Qui les prendrait sous son aile: les trafiquants les disperseraient-ils sur tout le continent, ou les combattants des brigades juives auraient-ils pitié d'eux et les emmène-raient-ils en Palestine? Peut-être de lointains parents les con-vaincraient-ils d'aller jusqu'en Amérique? Le poète Y. S. était le plus hardi des défenseurs. Chaque fois qu'il voyait un con-trebandier ou un «imprésario» faire travailler un enfant, il se campait en face de lui et annonçait: «Le Dieu de Justice ne vous pardonnera pas.» Les hommes en question, bien entendu, se moquaient de lui, le raillaient, l'affublaient de sobriquets injurieux et parfois ne se privaient pas de le frapper. Les coups ne lui faisaient pas baisser les bras. Il se secouait, se relevait, et ne manquait pas un cours.

Le poète Y. S. fut notre professeur pendant trois mois. Au début nous étions dix-sept enfants, mais au fil du temps les contrebandiers et les «imprésarios» séduisirent six d'entre nous et nous ne fûmes plus que onze. La nuit nous dormions fenêtres fermées. Y. S. bloquait la porte avec son lit. Il ne nous enseignait pas que la poésie. Il nous parlait pendant des heures du Baal Chem Tov et de son arrière-petit-fils, Rabbi Nachman de Bratzlaw, des petits shtetls qu'avaient par-courus les maîtres du hassidisme pour y enseigner l'amour des hommes et l'amour de Dieu. Il ne portait pas de kippa et ne priait pas, mais il était extrêmement fidèle aux maîtres du hassidisme et les appelait des «saints supérieurs».

À la fin de l'été, des «imprésarios» tentèrent d'enlever l'un des nôtres, Milliou, qui excellait en chant. Ils forcèrent par deux fois notre baraquement. Y. S. lutta avec eux de toutes ses forces et sauva l'enfant. Mais les hommes ne renoncèrent pas. Une nuit, trois d'entre eux surgirent et enlevèrent Milliou. Y. S. essaya de le protéger et fut grièvement blessé. Le lendemain il fut transporté à l'hôpital de Naples.

Puis vinrent des pluies violentes. La gendarmerie italienne boucla le camp et entama des recherches. Les commerçants et les contrebandiers essayèrent en vain de mettre à l'abri les marchandises. On leur prit leurs valises, qu'on entassa dans deux camions. Après leur départ, une fois le couvre-feu levé, les gens se jetèrent sur un homme du nom de Shmil et l'accusèrent de les avoir dénoncés. Il nia et argua du fait qu'il était un Juif fidèle, et qu'un Juif ne dénonçait pas un des siens. Les commerçants et les trafiquants ne le crurent pas, décrétèrent que c'était un traître et le frappèrent. Il hurla et supplia. Plus il suppliait, plus ils le rouaient de coups. Finalement il se tut et mourut recroquevillé sur lui-même.

Après ce meurtre nous quittâmes le camp pour aller avec le professeur Y. S. habiter une cabane abandonnée près de la plage.

13

Je n'ai pas appris à prier auprès d'un homme aux bonnes manières. J'étais alors dans un camp de transit, en route vers Israël, dans ces longues baraques laides où s'entassaient des centaines de rescapés. Les gens jouaient aux cartes, buvaient de la vodka et fricotaient avec des femmes au grand jour. Dans les sombres recoins de ces baraques, des gens se rassemblaient matin et soir pour prier. Un petit nombre. Il était toujours difficile de réunir le minyan de dix hommes nécessaire à la prière. Les gens refusaient de s'y joindre, ne fût-ce que comme figurants. Il fallait convaincre et principalement supplier. Après la guerre, l'appétit de vie était grand, et la prière, méprisée.

Prier seul eût été plus facile, mais hélas pour moi la Loi exigeait que la prière soit collective. À l'entrée de chaque baraque, se trouvait matin et soir un homme petit, grisâtre, difforme, qui exhortait les gens à se joindre à la prière, mais, comme ses exhortations ne donnaient rien, il brandissait la menace des châtiments, tentait d'exacerber de vieux sentiments de culpabilité ou se contentait de récriminer. Rien d'étonnant à ce que ces harangueurs fussent méprisés. On les brutalisait, on leur attribuait des sobriquets injurieux et, s'ils continuaient à menacer de châtiments divins, on les frappait sans pitié.

Pourtant, le quorum était atteint matin et soir. Les gens venaient, qui volontairement, qui à force de persuasion. Cette persévérance faisait sortir les autres de leurs gonds. Il n'y avait pas une journée sans disputes, accusations mutuelles et insultes. Et une fois de plus, comme après chaque guerre, des mots qui n'avaient pas été entendus depuis des années refirent surface.

J'avais alors treize ans et j'étais attiré par la prière. Les fidèles ne m'accueillaient pas à bras ouverts, ils me traitaient même plutôt avec dédain, mais moi, curieusement, je ne ratais aucune prière. La mélodie, la mélodie triste et monotone, m'envoûtait.

«Je vous saurai gré si vous m'apprenez à prier, avais-je dit à l'un des fidèles.

– Qu'est-ce qui te prend?» avait-il répondu sans me regarder.

Un fidèle qui avait entendu ma demande ajouta: «C'est toute une affaire. Pourquoi en aurais-tu besoin?»

Les enfants étaient alors en danger. Des imprésarios, des changeurs, des trafiquants et de simples voleurs leur imposaient des missions dangereuses. Des enfants avaient été arrêtés plusieurs fois par la police et frappés lorsque, par crainte de représailles, ils refusaient de dénoncer leur commanditaire. Il y avait aussi des enfants hardis qui travaillaient en bandes, trafiquaient des marchandises et passaient leurs nuits dans les bordels de Naples. Nul n'osait s'en prendre à eux. Ceux qui le faisaient se mettaient en danger car les enfants n'avaient peur de rien. Trois bandes de gamins opéraient alors dans les environs de Naples. De temps à autre, une guerre éclatait entre elles. C'étaient des guerres amères avec des blessés et des morts. Cependant, la plupart des enfants étaient faibles et passifs, ils exécutaient ce que les adultes leur dictaient.

Je pris de nouveau mon courage à deux mains et demandai à l'un des fidèles qu'il m'apprenne à prier. Ce dernier me lança un regard perçant: «Pourquoi n'as-tu pas appris chez toi?

— Mes parents n'étaient pas pieux, lui confiai-je.

— S'ils n'étaient pas pieux, pourquoi le serais-tu?»

Ne sachant que répondre, je dis: «Je veux prier.

— Tu ne sais pas ce que tu veux», dit-il en me tournant le dos.

À l'approche de l'automne, les baraques se vidèrent. Quelques rescapés avaient embarqué pour la Palestine, et la plupart pour l'Australie et l'Amérique. Il faisait froid dehors, et les parties de poker étaient enflammées. Un trafiquant voulut me persuader de me joindre à sa bande et de gagner cinquante dollars en une expédition. J'avais beaucoup entendu parler de ces expéditions, des heurts avec les douaniers, et des traîtres qui dénonçaient les trafiquants. Ils partaient en général par groupes de sept, et il y en avait toujours un qui était pris ou tué.

Le désir de prier grandissait en moi de jour en jour. C'était une soif inextinguible dont je ne connaissais pas l'origine, qui réapparaissait chaque jour et me torturait. Un fidèle qui avait remarqué ma détresse me parla doucement, sans animosité, et dit: «Tu vas embarquer prochainement pour la

Palestine. En Palestine on travaille dans des kibboutzim et on ne prie pas.» Finalement, quelqu'un accepta de m'apprendre à prier. C'était un homme robuste, plutôt laid, qui avalait les mots et marmonnait. Il lut à plusieurs reprises avec moi les grandes lettres qui se trouvaient au début du livre jaune et conclut, impassible: «À présent, va apprendre par cœur.»

Je répétai inlassablement pendant deux jours. Sans succès. Chaque fois que je me trompais, il me giflait. J'aurais pu quitter les lieux et aller dans un autre camp mais j'étais étrangement persuadé que l'acquisition de la prière se faisait dans la douleur, et j'acceptais cette douleur. Un fidèle, témoin des gifles que je recevais, se tourna vers mon précepteur et lui demanda: «Pourquoi frappes-tu cet orphelin?

– Pour lui faire entrer les lettres dans la tête.

– On ne frappe pas un orphelin.

– Ça ne lui fera pas de mal.»

L'apprentissage des lettres hébraïques m'était difficile, plus d'une fois je fus sur le point de quitter les lieux et l'homme, et pourtant je ne suivis pas ma volonté. Un réfugié, constatant ma détresse, ne put se retenir et dit: «Un garçon de ton âge cherche à accomplir des choses plus importantes. Tu n'as donc pas appris la leçon?» J'ignore à quelle leçon il faisait allusion. Moi, quoi qu'il en soit, j'aimais la prière. La pensée qu'un jour je pourrais moi aussi me tenir debout, le livre entre les mains, et prier, était plus forte que les vexations que je subissais.

La lecture ne me vint pas non plus facilement. À chaque faute je recevais un coup ou une gifle. L'homme robuste n'avait pas pitié de moi. Parfois il me semblait qu'il me frappait pour extirper de moi tout désir de prier.

J'appris la prière auprès de Fini pendant deux mois. Puis il obtint un visa et embarqua pour l'Australie. Il se sépara du restant des fidèles avec une bouteille d'alcool. Ses amis commerçants ne dirent rien et ne se réjouirent pas. Il m'ignora complètement.

J'étais content qu'il fût parti. Son air hermétique, son impassibilité et sa colère froide continuèrent à m'effrayer même lorsqu'il fut loin de moi, mais ce qu'il m'avait transmis me réjouissait.

Un mois après son départ, la prière se fit plus sûre dans ma bouche. La sensation de pouvoir suivre le chantre, de répéter les versets après lui avec tout le monde, m'encourageait. Même les commerçants gris, indifférents et égoïstes me semblaient aimables.

Je me trompais, naturellement. Un fidèle me proposa de participer à un trafic de cigarettes vers la Sicile. Lorsque je refusai il menaça: «Gare à toi si je te vois encore ici!» La menace me sembla réelle et je cessai d'aller aux offices.

À ma grande chance, cette même semaine nous passions dans un autre camp, et le désir de prier me quitta.

14

La guerre avait produit beaucoup d'enfants étranges, mais Chiko était unique en son genre. Sa mémoire, disait-on, était incomparable. Il pouvait répéter trente nombres comme s'il n'y en avait pas trente mais trois, sans être pris en défaut. Je le vis pour la première fois dans un camp de réfugiés en Italie, en route vers Israël. Il errait alors avec un groupe d'enfants artistes de sept ou huit ans. Il y avait parmi ces enfants des jongleurs, des cracheurs de feu et un garçon qui marchait sur une corde tendue entre deux arbres ; il y avait aussi une petite chanteuse, Amalia, qui possédait une voix d'oiseau. Elle ne chantait pas dans une langue connue mais dans sa langue à elle, qui était un mélange de mots dont elle se souvenait, de sons des prairies, de bruits de la forêt et de prières du couvent. Les gens l'écoutaient et pleuraient. Il était difficile de savoir de quoi parlaient ses chansons. Il semblait toujours qu'elle racontait une longue histoire pleine de mystérieux détails. Son ami de sept ans dansait à côté d'elle, et parfois seul. Amalia aimait le regarder danser, comme si elle avait été sa grande sœur. Elle avait son âge, ou peut-être un peu moins, mais son regard était adulte, empreint d'inquiétude et du désir de le protéger. Il y avait aussi un enfant qui jouait de tristes chansons russes à l'harmonica. Il avait six ans mais paraissait plus jeune. On avait adapté une caisse spécialement pour lui, sur laquelle il se tenait et jouait.

Ces petites troupes s'étaient formées sur les routes. Elles allaient d'un camp à l'autre et, la nuit, elles divertissaient les gens fatigués par la guerre et fatigués d'eux-mêmes. Nul ne savait, à ce moment-là, que faire de sa vie sauve. Il n'y avait pas de mots, et les mots qui subsistaient du passé semblaient fades. De temps à autre surgissait un émissaire ou un homme dont les mots s'écoulaient facilement. Il utilisait des mots d'avant-guerre qui résonnaient comme un rabâchage fastidieux. C'est seulement chez les petits enfants que demeurait une certaine fraîcheur dans la parole. J'entends par là les tout-petits, car ceux de douze-treize ans étaient déjà corrompus; ils trafiquaient, changeaient de la monnaie, volaient et pillaient, comme les adultes. Mais contrairement aux adultes ils étaient agiles. Les années dans la forêt leur avaient appris à sauter, grimper et courir tout en restant courbés. Ils avaient longuement contemplé les animaux et en avaient tiré un enseignement.

Nous ne savions pas alors que la langue des enfants était une nouvelle langue. Elle s'exprimait dans toutes leurs attitudes, dans la façon qu'ils avaient de se tenir debout ou assis, de chanter ou de parler. Leur langue était directe, sans aucune feinte.

Chiko avait sept ans et sa mémoire ébahissait ses spectateurs. Il avait commencé par répéter une multitude de nombres sans se tromper. Puis son imprésario lui apprit à raconter des histoires, et il s'exécuta. L'imprésario, un homme rusé, comprit rapidement que Chiko était une mine d'or et il agit en conséquence. Il lui apprit quelques passages des psaumes, le *El Malé Rahamim* et le kaddish des orphelins. Il lui apprenait à prier à l'ancienne car lui, l'imprésario, était fils de chantre. En peu de temps, Chiko connut les passages par cœur. Il y avait dans la troupe de Chiko un enfant acrobate, un joueur d'harmonica, Amalia et son ami, mais il les éclipsait tous car il apparaissait toujours à la fin et captait toute l'attention. La prière de Chiko, il faut le reconnaître, était différente de tout ce qu'on avait pu entendre jusque-là. Ce n'était pas une prière larmoyante ni suppliante, mais une prière simple, sans effets de mélodie ni trilles, une prière directe, connue des seuls Patriarches.

Tous les regards étaient tournés vers Chiko. Il apportait aux gens ce dont ils avaient besoin à cette époque : un peu de foi perdue, et un lien avec leurs chers disparus. Il n'était pas sûr que Chiko comprenait ce qui sortait de sa bouche. Sa prière était si limpide et spontanée que les gens pleuraient comme des enfants.

Comme il avait beaucoup de succès, ses camarades de troupe cessèrent de se produire et Chiko remplit les soirées tout seul. « C'est un descendant de hassid, disait-on, c'est un enfant prodige, une réincarnation. Avez-vous déjà vu un enfant de sept ans qui connaît le livre de prières par cœur ? »

Son imprésario amassait une fortune et trimballait sa petite troupe d'un endroit à l'autre. Chiko se produisait chaque soir, et parfois en matinée. L'imprésario prenait soin de le nourrir et de lui donner à boire, et si Chiko refusait de manger, il le grondait et le forçait. Chiko mangeait et grossissait. Mais voyez le prodige: malgré la prise de poids et les nombreux spectacles, la voix de Chiko resta claire. Elle devenait plus pure de semaine en semaine. Ceux qui l'avaient entendu une fois étaient fascinés. Ce fut ainsi tout l'été. Durant l'hiver, l'imprésario retapa une cabane abandonnée, y disposa des bancs et posta un garde à l'entrée. Il était persuadé que ses gains allaient augmenter.

Mais la cabane si prometteuse n'apporta pas la chance. Le soir de l'inauguration, Chiko s'enrhuma et resta au lit, brûlant de fièvre. Il fut fiévreux deux semaines, et lorsqu'il se releva enfin de sa maladie, il avait oublié toutes les prières. L'imprésario tenta vainement de les lui apprendre à nouveau, en y consacrant tous ses efforts. Une sorte de stupeur bleutée régnait dans les yeux de Chiko, comme s'il ne comprenait pas ce qu'on lui disait. «Chiko, Chiko!» le secouait l'imprésario. Mais il ne redevint pas celui qu'il avait été.

En désespoir de cause, l'imprésario fit monter sur scène Amalia et son ami, ainsi que le joueur d'harmonica. Ils étaient excellents et se surpassaient, mais ils ne pouvaient concurrencer Chiko. «Où est Chiko?» rugissait le public avec une colère contenue. L'imprésario n'eut d'autre choix que de le faire monter sur scène afin que tous voient qu'il était bel et bien vivant, et Chiko, qui un mois auparavant se dépêchait de monter sur scène et entonnait aussitôt une prière, resta pétrifié sur l'estrade. De ses yeux bleus émanait une stupéfaction effrayante.

Ainsi s'éteignit son étoile. Amalia, son ami et les membres de la troupe déployaient tous leurs efforts mais les gens refusaient désormais de dépenser de fortes sommes pour assister au spectacle. La nuit, l'imprésario blâmait la paresse de Chiko et son absence de volonté. Finalement il menaça de l'envoyer en Palestine, où la chaleur était écrasante et où les gens travaillaient du matin au soir. Il était difficile de savoir ce que Chiko pensait de tout cela. Les paroles de l'imprésario semblaient lui faire mal, car sa bouche se contractait et son épaule droite bougeait dans un mouvement involontaire. La troupe souffrait à cause de l'imprésario mais ses membres ne le quittèrent pas. «Fuyez», les encourageaient les gens, mais manifestement ils étaient habitués à l'imprésario et à ses folies.

À la fin de l'hiver, quelques personnes se jetèrent sur l'imprésario et le frappèrent. Ce dernier ne se déclara pas facilement vaincu. Il gémissait et criait: «Les enfants sont à moi, rien qu'à moi, je les ai élevés depuis la fin de la guerre et je suis leur père spirituel.» Les supplications ne lui furent d'aucun secours. Tandis qu'il gisait à terre et se vidait de son sang, on fit monter les enfants dans une camionnette qui les emmena au rivage où mouillait un bateau.

La troupe se produisit sur le pont soir après soir, de Naples à Haïfa, et parfois même dans la journée. Chiko ne retrouva pas la mémoire mais il chantait le *El Malé Rahamim* avec beaucoup d'émotion. Son visage avait mûri, il avait l'air d'avoir neuf ans. Une grande femme, originaire de Transylvanie, l'enveloppa dans son pull et ne le quitta pas de tout le voyage.

15

La Seconde Guerre mondiale dura six années. Parfois il me semble que ce ne fut qu'une longue nuit dont je me suis réveillé différent. Parfois il me semble que ce n'est pas moi qui ai connu la guerre mais un autre, quelqu'un de très proche, destiné à me raconter précisément ce qui s'était passé, car je ne me souviens pas de ce qui est arrivé, ni comment.

Je dis: «Je ne me souviens pas», et c'est la stricte vérité. Ce qui s'est gravé en moi de ces années-là, ce sont principalement des sensations physiques très fortes. Le besoin de manger du pain. Aujourd'hui encore je me réveille la nuit, affamé. Des rêves de faim et de soif se répètent chaque semaine. Je mange comme seuls mangent ceux qui ont eu faim un jour, avec un appétit étrange.

Durant la guerre, je suis allé dans des centaines de lieux, de gares, de villages perdus, près de cours d'eau. Chaque lieu avait un nom. Je n'en ai aucun souvenir, ne serait-ce que d'un. Les années de guerre m'apparaissent tantôt comme un large pâturage qui se fond avec le ciel, tantôt comme une forêt sombre qui s'enfonce indéfiniment dans son obscurité, parfois encore comme une colonne de gens chargés de ballots, dont quelques-uns tombent régulièrement et sont piétinés.

Tout ce qui s'est passé s'est inscrit dans les cellules du corps et non dans la mémoire. Les cellules, semble-t-il, se souviennent mieux que la mémoire, pourtant prédestinée à cela. De longues années après la guerre, je ne marchais ni au milieu du trottoir ni au milieu de la route mais je rasais les murs, toujours dans l'ombre et toujours d'un pas rapide, comme si je fuyais. Je ne suis pas enclin à pleurer en général, mais des séparations insignifiantes me font sangloter violemment.

J'ai dit: «Je ne me souviens pas», et pourtant je me souviens de milliers de détails. Il suffit parfois de l'odeur d'un plat, de l'humidité des chaussures ou d'un bruit soudain pour me ramener au plus profond de la guerre, et il me semble alors qu'elle n'a pas pris fin, qu'elle s'est poursuivie à mon insu, et à présent que l'on m'a réveillé, je sais que depuis qu'elle a commencé elle n'a pas connu d'interruption.

Comme j'ai passé une grande partie de la guerre dans des villages, des champs, au bord de rivières et dans des forêts, ce vert s'est inscrit en moi. Chaque fois que j'ôte mes chaussures et que je marche sur l'herbe, je me souviens aussitôt des pâturages et du bétail tacheté éparpillé à l'infini, et la peur des grands espaces revient. Mes jambes se tendent, et il me semble un instant que je me suis trompé. Je dois retourner rapidement à la lisière de la forêt, car les lisières sont plus sûres. À la lisière on voit sans être vu. Il arrive que je me trouve dans un passage sombre, parfois à Jérusalem, et je suis sûr que bientôt le portail va se refermer et que je n'aurai plus d'issue. J'accélère alors le pas et je tente de me sauver.

Parfois c'est une attitude qui fait ressurgir devant moi une gare bondée de gens et de paquets, de disputes et de coups donnés aux enfants, et de mains qui ne cessent de supplier: «De l'eau, de l'eau.» Et soudain des centaines de jambes se redressent et se ruent d'un seul mouvement vers un récipient d'eau arrivé sur le quai d'on ne sait où, et un large pied se plante dans ma taille étroite et me coupe la respiration. C'est incroyable, mais ce pied est encore planté en moi, la douleur est récente, et il me semble, l'espace d'un instant, que je ne pourrai bouger d'un pouce tant la douleur est grande.

Un mois peut s'écouler sans qu'une vision de ce temps-là m'apparaisse. Ce n'est, bien entendu, qu'un répit. Il suffit d'un vieil objet posé sur le bas-côté de la route pour faire surgir des profondeurs des centaines de jambes pataugeant dans une longue colonne, où celui qui plie sait que personne ne le relèvera.

Les Russes revinrent en 1944 et reprirent l'Ukraine. J'avais douze ans. Une rescapée qui m'avait remarqué et avait constaté mon désarroi se pencha et demanda: «Que t'est-il arrivé, mon enfant?

– Rien», répondis-je. Ma réponse dut l'étonner car elle ne posa pas d'autre question. Cette question fut posée de différentes façons sur les longues routes jusqu'en Yougoslavie et continua d'être posée en Israël.

Celui qui était adulte pendant la guerre avait emmagasiné des souvenirs et se rappelait les lieux et les gens, à la fin de la guerre il pouvait les recenser et en parler. Et il continuerait certainement ainsi jusqu'à la fin de ses jours. Chez les enfants ce n'étaient pas les noms qui étaient gravés dans la mémoire mais quelque chose de radicalement différent. Chez eux la mémoire est un réservoir qui ne se vide jamais. Il se renouvelle avec les années et s'éclaircit. Ce n'est pas une mémoire chronologique mais une mémoire abondante et changeante.

J'ai déjà écrit plus de vingt livres sur ces années-là. Parfois il semble que je n'ai pas encore commencé. Parfois il me semble que la mémoire absolue, détaillée, se cache encore en moi, et que, lorsqu'elle sortira de sa cachette, elle charriera avec force et puissance le souvenir de multiples journées. Par exemple, cette marche forcée que j'essaie de relater, sans succès, depuis des années. Nous pataugeons depuis des jours sur des routes boueuses, une longue colonne, encadrée par des soldats roumains et ukrainiens qui nous frappent avec leurs matraques et nous tirent dessus. Papa serre ma main très fort. De nouveau mes jambes courtes ne touchent plus le fond mais le froid de l'eau pénètre mes jambes et mes hanches. Tout autour, c'est l'obscurité, et hormis la main de mon père je ne sens rien. À vrai dire, je ne sens pas sa main non plus car la mienne est déjà en partie paralysée. Une chose est claire pour moi: un seul petit mouvement et je coule, et même Papa ne pourra me sauver. De nombreux enfants se sont déjà noyés ainsi. La nuit, lorsque la colonne se fige, Papa me sort de la boue pour essuyer mes jambes avec son manteau. J'ai perdu mes chaussures depuis longtemps et j'enfouis un instant les pieds contre son ventre. La légère chaleur me fait si mal que je me dépêche de ressortir les pieds. Ce mouvement rapide éveille inexplicablement la colère de Papa. Il se fâche violemment. J'ai peur de sa colère, mais je refuse de remettre les pieds contre son ventre. Papa ne s'est jamais mis en colère contre moi. Maman me frappait parfois mais jamais Papa. Si Papa se fâche, c'est que je vais bientôt mourir, me dis-je en attrapant la main de mon père. Papa hoche la tête et dit: «Il ne faut pas faire l'enfant gâté.» Maman utilisait souvent cette expression mais à cet instant elle a une résonance étrange. Comme si Papa se trompait, ou peut-être est-ce moi. Je ne lâche pas sa main et je m'endors, mais pas pour longtemps.

Tandis que le ciel est encore obscur, les soldats réveillent la colonne à coups de matraques et de tirs. Papa me tient la main et m'entraîne. La boue est profonde et je ne sens pas le fond. Je suis encore à moitié endormi, la peur est sourde. «J'ai mal!» crié-je. Papa a perçu mon appel et répond aussitôt: «Fais-toi léger, léger.» J'ai déjà entendu ces mots, plus d'une fois. Après ces mots viennent les chutes terribles et les vaines tentatives de sauver l'enfant qui a coulé. Ce ne sont pas seulement les enfants qui se noient dans la boue, mais aussi des gens de haute taille qui s'effondrent et coulent. Le printemps fait fondre la neige et la boue est plus profonde de jour en jour. Papa a ouvert le sac et jeté quelques vêtements dans la boue. À présent sa main me tient très fermement. La nuit, il me masse les mains et les jambes, m'essuie avec la doublure de son manteau; et il me semble un instant que ce n'est pas seulement Papa qui est avec moi, mais aussi Maman, que j'aimais tant.

16

J'ai rencontré bien des gens dévoués sur la longue route des plaines d'Ukraine aux rives de Haïfa. Sur le bateau, ou plus exactement sur le pont où étaient entassés des gens et des ballots, j'ai vu un homme plus tout jeune serrer contre lui une petite fille de cinq ans environ, joyeuse, ravissante, qui enchantait le regard. Elle était vêtue d'une jolie robe de laine et ne ressemblait pas à une rescapée. Elle parlait l'allemand à la manière des Juifs et chantait d'une voix agréable. Tandis que tous souffraient du mal de mer et de la nourriture en conserve, tétanisés par la fatigue, elle s'adressait aux uns et aux autres avec des gestes gracieux. L'homme qui la serrait contre lui n'était pas son père, mais la façon qu'il avait de s'occuper d'elle était plus dévouée que celle d'un père. Il la couvait d'un regard émerveillé et buvait chacune des paroles qui sortaient de sa bouche.

Le bateau faisait route sur une mer agitée, avec à son bord des centaines de passagers, parmi lesquels on remarquait des hommes au front puissant et de grandes femmes à l'air fébrile. La plupart étaient malades, vomissaient et criaient, et seule la petite Helga ne se plaignait pas. Au contraire: plus l'agitation grandissait sur le pont, plus son visage était serein,

mais personne ne faisait attention à elle. Tous étaient acca-
parés par leur douleur, agacés, de mauvaise humeur. La scène
faisait remonter droit au cœur le souvenir des gares où, peu
de temps auparavant, des gens avaient été entassés dans des
wagons.

Aussitôt après la tempête, le soleil s'éleva dans le ciel, la
mer se calma, les passagers émergèrent des tas de ballots et
s'accoudèrent au garde-fou. On découvrit que la jambe
droite de Helga était coupée au-dessus du genou. L'amputa-
tion était sans doute récente: le moignon était encore
bandé.

L'homme qui l'avait adoptée ôta le bandage, en fit un
nouveau, et demanda: «Ça fait mal?

— Non», sourit Helga, comme s'il s'agissait d'une blessure
insignifiante.

Ensuite elle resta blottie contre lui. Les gens s'étaient massés
autour d'eux et les contemplaient. L'homme raconta d'une
voix monocorde qu'il l'avait trouvée un an auparavant,
étendue sur une meule de foin. Elle avait souri en lui tendant
les bras. «Que pouvais-je faire? dit-il avec un petit sourire.
Un ange, un ange véritable. On ne refuse rien aux anges,
n'est-ce pas?

— Et pourquoi lui a-t-on coupé la jambe?

— La gangrène. Les médecins militaires ont dit qu'elle
menaçait non seulement sa jambe, mais aussi sa vie.

— Et que faut-il faire à présent? lui demandait-on de toutes
parts.

— Rien de particulier. Le moignon guérit. Maintenant il a
un bien meilleur aspect.

– Et la petite pourra marcher?

– Je n'ai aucun doute, répondit l'homme. En Palestine, nous lui fabriquerons une prothèse. Helga a très envie de marcher.

– Qui étaient ses parents?

– C'est un mystère qu'il me faudra percer dans les prochaines années, dit-il d'une voix sèche qui ne plut pas à l'assemblée.

– Et tu n'as aucun indice?

– J'en ai un, mais il est ténu.

– Helga, ma chérie, tu ne te souviens de rien?» demanda une grande femme en s'agenouillant, à la stupéfaction de tous.

Helga sourit et dit: «Je me souviens de la pluie.

– De quelle pluie parles-tu, ma chérie? demanda la femme d'une voix douce.

– De la pluie qui tombait sans arrêt.

– Et que s'est-il passé alors? questionna-t-elle encore.

– J'étais toute mouillée, dit la petite fille, comme si elle ne mentionnait pas un fait mais qu'elle s'en étonnait.

– Et tu n'avais pas froid? continua la femme de sa voix douce.

– Non, dit Helga.

– Qui était avec toi?

– La pluie, seulement la pluie.

– Personne n'était à côté de toi?

– Peut-être qu'il y avait quelqu'un, mais je n'ai pas vu.

– C'est étrange», dit la femme.

Helga se passa la langue sur les lèvres et ne réagit pas.

«Combien de temps dura la pluie?

– Tout le temps, dit Helga en relevant la tête.

– C'est étrange», répéta la femme.

Les gens étaient figés, comme s'ils assistaient à une conversation hors du commun.

«Et que s'est-il passé après la pluie?

– Je ne m'en souviens pas, répondit Helga d'une voix claire.

– Et la pluie continuait de tomber, tout le temps? s'étonna la femme.

– Les puits se remplissaient d'eau.

– Et toi, qu'as-tu fait?

– Rien du tout, dit Helga, comme si elle était enfin parvenue à trouver les mots justes.

– La petite est très intelligente», intervint l'homme qui l'avait adoptée.

La grande femme se releva et cessa de poser des questions.

À présent, les gens étaient persuadés que la petite parlerait. Helga baissa la tête et aucun son ne sortit de sa bouche. L'éclat de son visage s'éteignit.

La grande femme revint à la charge:

«La pluie ne te manque pas?

– Non, dit Helga d'une voix nette.

– Il ne faut pas la questionner, intervint un vieil homme.

– Pourquoi? s'étonna la grande femme.

– Parce qu'il ne faut pas la troubler.

– Je ne fais que poser des questions, dit la grande femme en rougissant.

– Tes questions sont très troublantes. Laisse-la tranquille.

– Nous l'aimons, dit la grande femme.

– Pourquoi parles-tu au pluriel? demanda l'homme d'un ton agressif.

– C'est ainsi que je le ressens.

– Que chacun parle pour soi.»

Cette dernière phrase provoqua silence et embarras. Les gens se dispersèrent, comme s'ils avaient été blâmés.

Helga était assise contre l'homme qui l'avait adoptée. La lumière était revenue sur son visage. Elle bougeait les lèvres et produisait un son qui ressemblait à un sourd murmure. L'homme prit sa petite main, l'approcha de sa bouche, l'embrassa et dit: «Bientôt nous arriverons en Palestine. En Palestine nous aurons une maison et un jardin.»

17

Déjà dans ma petite enfance j'observais les gens et les choses avec attention et méfiance. Maman attribuait cela aux graves maladies contractées à ma naissance. Grand-mère prétendait que tout fils unique est méfiant de nature. En effet, j'étais fils unique, et très attaché à mes parents. L'espace extérieur à la maison, en particulier lorsque j'y demeurais seul, m'apparaissait froid et menaçant. La plupart de mes rêves d'enfant, et il est étrange de constater à quel point je m'en souviens, sont liés chez moi à un sentiment d'abandon. Je tends une main et la main reste dans le vide. La peur vient aussitôt m'étreindre. Je me réveillais au milieu de la nuit, tremblant de la tête aux pieds, et Maman accourait pour m'assurer qu'il s'agissait d'une «erreur de rêve», qu'elle ne m'abandonnerait jamais et que nous serions toujours ensemble. Ces promesses ne faisaient que renforcer mes craintes et je sanglotais jusqu'à l'épuisement.

Ma méfiance se renforça lorsque je commençai à aller à l'école. Nous étions deux petits Juifs dans une classe de quarante élèves. J'étais maigre, je portais des vêtements délicats, et Maman m'accompagnait jusqu'à la grille de l'école, ce qui ne faisait qu'augmenter le mépris à mon égard. Durant les récréations, tout le monde jouait dans la cour avec un ballon rouge en caoutchouc, en hurlant et en soulevant des nuages de poussière. Je restais à la fenêtre à les regarder. Je savais déjà que jamais je ne jouerais comme eux. C'était douloureux, mais aussi amusant, un mélange de sentiments d'infériorité et de supériorité. Je pouvais m'amuser de ces sentiments tant que j'étais hors de leur portée. Près d'eux, j'étais une cible facile pour les coups de pied, les gifles et les pincements.

Les enfants non juifs étaient plus grands que moi, plus robustes, et je savais que même au prix d'un effort intense je ne pourrais réduire l'écart entre nous. Ils seraient toujours les maîtres dans les longs couloirs et dans la cour. Selon leur bon vouloir, ils vous frappaient ou vous laissaient tranquille. Il faut s'y faire, disait la raison, mais le sentiment d'humiliation me poussait parfois à la rébellion. Alors je me postais sur l'escalier et hurlais à pleins poumons, pour vaincre la peur qui m'étreignait.

Maman essaya d'intervenir auprès du directeur, mais son action resta sans effet. Quarante corps robustes étaient ligués contre moi, une houle gigantesque de jambes qui emportait tout sur son passage, dont moi. J'essayais quelquefois de me défendre. Sans impressionner pour autant la bande. Au contraire, cela leur donnait une bonne raison de me battre plus encore, en prétendant que c'était moi qui avais commencé. L'autre garçon juif me laissait seul dans cette bataille perdue d'avance. En un laps de temps très court il se métamorphosa, et bien que plus maigre que moi il s'intégra facilement aux jeux dans la cour. Ce que la force n'avait pas pu faire, l'agilité l'avait fait. Avec le temps il m'ignora, comme s'il ne faisait plus partie de ma tribu.

Chaque jour, dès les premières heures du matin, et en hiver dès les premières heures encore sombres, j'étais en compagnie de ce troupeau sauvage, jusqu'à quinze heures. Rien d'étonnant à ce que je ne me souvienne d'aucun nom, ni même du visage de la maîtresse juive, qui luttait contre cette marée humaine déjà agitée, à sept ans, de pulsions destructrices. Comme moi, elle était démunie, criait dans le vide et ne provoquait que des tempêtes de rires. Je ne me souviens pas des visages, mais je me rappelle parfaitement les larges escaliers de pierre, les longs couloirs humides, le mouvement des jambes qui glissaient et s'échappaient en galopant. De l'école, j'ai le souvenir des deux surveillants, des sortes de juges suprêmes, silencieux et rusés, qui inspiraient à tous la crainte. Si un garçon faisait du raffut, ils l'attrapaient et lui donnaient dix coups de fouet, et l'enfant frappé, après avoir reçu sa punition, devait embrasser les mains de son bourreau en disant: «À vos ordres, mon père», puis il devait déguerpir. Ce rituel se répétait plusieurs fois par semaine.

Plus d'une fois ma mère fut sur le point de me retirer de l'école, mais mon père ne la laissa pas faire. Il prétendait que je devais me frotter à la vie et m'endurcir. Ma mère sentait que ma souffrance était plus que je ne pouvais supporter mais mon père ne changea pas d'avis, comme s'il devinait que des épreuves autrement plus dures m'attendaient.

À la fin de la première année, ma scolarité prit fin. La Seconde Guerre mondiale avait éclaté et nos vies en furent bouleversées. En quelques semaines, l'enfant de sept ans, qu'on avait entouré de chaleur et d'un immense amour, devint un orphelin de mère abandonné dans le ghetto, traîné par la suite avec son père dans une marche forcée à travers les plaines d'Ukraine. Les agonisants et les mourants étaient étendus sur les bas-côtés de la route, et il trottait avec ses dernières forces auprès de ceux, peu nombreux, qui marchaient encore.

Les images sont très nettement figées en moi. Parfois il me semble que la marche qui a duré deux mois dure depuis cinquante ans, et que je me traîne encore là-bas.

Après deux mois de marche, nous arrivâmes, une toute petite poignée, à ce camp maudit. Quelques jours plus tard, je fus séparé de mon père. J'ai déjà parlé de mon évasion et d'une femme ukrainienne chez qui je m'étais réfugié. À partir de là commença la condition d'orphelin, la solitude et le repli sur moi-même. Rapidement j'appris que mieux valait éviter de parler, et que, si une question était posée, il fallait y répondre brièvement.

Pendant la guerre j'élevai la méfiance au rang d'un art. Avant de m'approcher d'une maison, d'une étable ou d'un tas de paille, je me baissais et j'écoutais, parfois des heures. D'après les bruits je savais s'il y avait des gens, et combien. Les gens étaient toujours un signe de danger. J'ai passé une grande partie de la guerre étendu sur le sol, à l'écoute. J'ai appris entre autres à écouter les oiseaux. Ce sont de merveilleux augures, pour signaler non seulement les pluies qui approchent mais aussi les gens mauvais et les prédateurs.

Durant mes errances dans les champs et les forêts, j'ai appris à préférer la forêt au champ ouvert, l'écurie à la maison, le porteur d'une tare aux hommes sains, les hommes chassés de leur village aux soi-disant honnêtes propriétaires. Parfois la réalité me désavouait, mais la plupart du temps mes soupçons se révélaient fondés. Au fil des jours j'appris que les objets et les animaux étaient de vrais amis. Dans la forêt j'étais entouré d'arbres, de buissons, d'oiseaux et de petits animaux. Je n'avais pas peur d'eux. J'étais sûr qu'ils ne me feraient aucun mal. Avec le temps je me familiarisai avec les vaches et les chevaux, et ils me procurèrent la chaleur que j'ai conservée en moi jusqu'à ce jour. Parfois il me semble que ce ne sont pas des hommes qui m'ont sauvé mais des animaux qui s'étaient trouvés sur mon chemin. Les heures passées auprès de chiots, de chats ou de moutons furent les plus belles heures de la guerre. Je me serrais contre eux jusqu'à en oublier qui j'étais, m'endormais près d'eux, et mon sommeil était alors paisible et profond, comme dans le lit de mes parents.

J'ai déjà signalé que les gens de ma génération, en particulier ceux qui étaient enfants pendant la guerre, ont développé un rapport méfiant aux humains. Moi aussi, pendant la guerre, j'ai préféré la compagnie des objets et des animaux. Les humains sont imprévisibles. Un homme qui au premier regard a l'air posé et calme peut se révéler être un sauvage, voire un meurtrier.

Après avoir quitté la femme qui m'avait recueilli, j'ai travaillé chez un vieux paysan aveugle. Au début je me réjouissais qu'il fût aveugle, mais je compris rapidement qu'il n'était pas moins cruel que les autres. Chaque fois qu'il me soupçonnait de ne pas exécuter ma tâche comme il se devait, ou de manger quelque chose pendant le travail, il me faisait venir auprès de lui et me giflait. À vrai dire, chaque fois que j'étais dans les parages, il levait la main et me frappait. Une fois, lorsqu'il lui sembla que j'avais bu dans le seau le lait que j'étais en train de traire, il me fit tomber par terre et me piétina. J'avais remarqué qu'il s'approchait des animaux de l'écurie sur la pointe des pieds; il leur caressait la tête, leur murmurait des mots tendres, mais sa colère, il la déversait sur moi. Sa colère était vénéneuse, comme si j'avais été la cause de tout ce que la vie lui avait fait endurer.

Je vécus deux ans dans les champs, entouré de forêts. Il y a des visions qui se sont gravées dans ma mémoire et beaucoup a été oublié, mais la méfiance est restée inscrite dans mon corps, et aujourd'hui encore je m'arrête tous les quelques pas pour écouter. La parole ne me vient pas facilement, et ce n'est pas étonnant: on ne parlait pas pendant la guerre. Chaque catastrophe semble répéter: qu'y a-t-il à dire? Il n'y a rien à dire. Celui qui a été dans un ghetto, dans un camp ou dans les forêts, connaît physiquement le silence. Durant la guerre on ne débat pas, on n'insiste pas sur les divergences. La guerre est une serre pour l'attention et le mutisme. La faim, la soif, la peur de la mort rendent les mots superflus. À vrai dire, ils sont totalement inutiles. Dans le ghetto et dans le camp, seuls les gens devenus fous parlaient, expliquaient, tentaient de convaincre. Les gens sains d'esprit ne parlaient pas.

J'ai rapporté de là-bas la méfiance à l'égard des mots. Une suite fluide de mots éveille ma suspicion. Je préfère le bégaiement, dans lequel j'entends le frottement, la nervosité, l'effort pour affiner les mots de toute scorie, le désir de vous tendre quelque chose qui vient de l'intérieur. Les phrases lisses, fluides, éveillent en moi un sentiment d'inadéquation, un ordre qui viendrait combler un vide.

La vieille règle selon laquelle un homme est jugé d'après ses actes prit tout son sens pendant la guerre. Au temps du ghetto et des camps, j'ai vu des gens cultivés, et parmi eux des médecins et des avocats réputés, prêts à tuer pour un morceau de pain. J'ai vu aussi des êtres qui savaient renoncer, donner, agir avec abnégation et mourir sans peiner quiconque. La guerre ne révéla pas seulement le caractère, mais aussi l'élément archaïque en l'homme, et cet élément s'avéra n'être pas qu'obscurité. Les égoïstes et les méchants ont laissé en moi peur et répulsion. Les généreux m'ont transmis la chaleur de leur générosité, et lorsque je me souviens d'eux, la honte de ne pas posséder une once de leurs qualités m'enveloppe.

Pendant la guerre nous avons vu la valeur des idéologies. Des communistes qui avaient prôné l'égalité et l'amour de l'homme sur les places publiques devenaient dans un moment de détresse des bêtes humaines. Mais il y avait aussi des communistes chez qui la foi en l'homme était très pure, et ils ressemblaient à des hommes pieux. Tous leurs actes n'étaient que dévouement de l'âme. Cette règle s'appliquait également, me semble-t-il, aux gens pieux. Il y avait des pratiquants que la guerre avait transformés en matérialistes et en égoïstes, et d'autres qui apportaient la lumière par leurs bonnes actions.

Pendant la guerre ce n'étaient pas les mots qui parlaient,

mais le visage et les mains. Du visage vous appreniez dans quelle mesure l'homme à qui vous aviez affaire voulait vous aider ou vous agresser. Les mots n'aidaient en rien à la compréhension. Les sens apportaient la bonne information. La faim nous ramène à l'instinct, à la parole d'avant la parole. Celui qui vous a tendu un morceau de pain ou un peu d'eau alors que vous vous étiez effondré, terrassé par la faiblesse, la main qu'il a tendue, vous ne l'oublierez jamais.

La méchanceté comme la générosité se passent de mots. La méchanceté, car elle aime la dissimulation, l'ombre; et la générosité parce qu'elle n'aime pas mettre ses actes en valeur. La guerre est pleine de souffrances, de chagrin profond, de désespoir, de sensations pénibles qui exigent paradoxalement une traduction langagière claire, mais que faire si plus la souffrance est grande et le désespoir profond, plus les mots deviennent superflus?

Ce n'est qu'après la guerre que les mots refirent surface. Les gens recommencèrent à poser des questions, abasourdis, et ceux qui n'avaient pas été là-bas réclamaient des explications. C'étaient de misérables et ridicules explications, mais le besoin d'expliquer et de donner un sens est, semble-t-il, tellement ancré en nous que, même si on connaît leur peu de valeur, on ne peut s'empêcher de les fournir. C'est évident: il y avait dans ces tentatives un effort pour revenir à une vie civile normale, mais rien n'y faisait, l'effort était ridicule. Les mots ne permettent pas d'affronter les grandes catastrophes; ils sont pauvres, misérables et très vites faussés. Même les prières antiques n'ont pas le pouvoir de faire face aux grands malheurs.

Au début des années cinquante, lorsque j'ai commencé à écrire, les mots sur la guerre coulaient déjà à flots. Nombreux étaient ceux qui racontaient, témoignaient, se confessaient et jugeaient. Ceux qui avaient promis à leurs proches et à eux-mêmes de tout raconter après la guerre tenaient leur promesse. Ainsi apparurent les carnets, récits et volumes de mémoire. Beaucoup de douleur est figée dans ces parchemins, mais aussi de nombreux clichés et considérations extérieures. Le silence qui avait régné pendant la guerre et peu après était comme englouti par un océan de mots.

Nous avons l'habitude d'entourer les grandes catastrophes de mots afin de nous en protéger. Les premiers mots de ma main furent des appels désespérés pour trouver le silence qui m'avait entouré pendant la guerre et pour le faire revenir vers moi. Avec le même sens que celui des aveugles, j'ai compris que dans ce silence était cachée mon âme et que, si je parvenais à le ressusciter, peut-être que la parole juste me reviendrait.

Mon écriture fut d'abord un claudiquement pénible. Les épreuves de la guerre grouillaient en moi, lourdes et pesantes, et je voulais les refouler plus encore. Je voulais construire une nouvelle vie sur mon ancienne vie. Il m'a fallu des années pour me retrouver, mais, une fois cela accompli, la route était encore longue. Comment donne-t-on une forme à ce contenu brûlant? Par où commence-t-on? Comment relier les chaînons? Quels mots utilise-t-on?

Sur la Seconde Guerre mondiale, on écrivait principalement des témoignages. Eux seuls étaient considérés comme l'expression authentique de la réalité. La littérature, elle, apparaissait comme une construction factice. Moi, je n'avais même pas de témoignage à offrir. Je ne me souvenais pas des noms de personnes ni de lieux, mais d'une obscurité, de bruits, de gestes. C'est uniquement avec le temps que j'ai compris que ces matières premières étaient la moelle de la littérature et que, partant de là, il était possible de donner forme à une légende intime. Je dis «intime» car à cette époque on ne considérait que la chronique, comme si en elle seule se trouvait la vérité. L'expression intime n'avait pas encore vu le jour.

Ma poétique personnelle s'est formée au début de ma vie, et lorsque je dis «au début de ma vie», je pense à tout ce que j'ai vu et perçu dans la maison de mes parents et durant la longue guerre. C'est alors que s'est déterminé en moi mon rapport aux hommes, aux croyances, aux sentiments et aux mots. Ce rapport n'a pas changé avec le temps. Ma vie s'est pourtant enrichie, j'ai amassé des mots, des termes et des connaissances, mais le rapport fondamental est demeuré tel quel. Durant la guerre, j'ai vu la vie dans sa nudité, sans fard. Le bien et le mal, le beau et le laid se sont révélés à moi mêlés. Cela ne m'a pas transformé, grâce au ciel, en moraliste. Au contraire, j'ai appris à respecter la faiblesse et à l'aimer, la faiblesse est notre essence et notre humanité. Un homme qui connaît sa faiblesse sait parfois la surmonter. Le moraliste ignore ses faiblesses et, au lieu de s'en prendre à lui-même, il s'en prend à son prochain.

J'ai parlé du silence et du soupçon, de la préférence pour le fait plutôt que pour l'explication. Je n'aime pas m'étendre sur les sentiments. Une trop grande propension à parler des affects nous entraînera toujours vers le labyrinthe sentimental, vers le piétinement sur place et l'aplatissement. Un sentiment qui découle d'un fait est un sentiment solide.

18

Je feuillette mon vieux journal. Les feuilles ont jauni, verdi, certaines sont collées les unes aux autres, et l'écriture irrégulière est à moitié effacée. Il est resté longtemps au creux d'une valise sans que je l'ouvre. Je craignais que ces cahiers ne dévoilent les inquiétudes et les défauts que je m'efforce d'ignorer depuis des années.

Nous sommes en 1946, année de mon arrivée en Israël, et le journal est une mosaïque de mots allemands, yiddish, hébreux et même ruthènes. Je dis «mots» et non «phrases», car cette année-là je n'étais pas encore capable de relier les mots en phrases. Les mots étaient les cris étouffés d'un adolescent de quatorze ans, une sorte d'aphasique qui avait perdu toutes les langues qu'il savait parler; le journal lui servait de jardin secret dans lequel il amoncelait ce qui subsistait de la langue maternelle ainsi que le vocabulaire qu'il venait tout juste d'acquérir. Cet amoncellement n'est pas une forme d'expression, mais un instantané de l'âme.

Sans langue, tout n'est que chaos, confusion et peurs infondées. À cette époque, la plupart des enfants autour de moi bégayaient, parlaient trop fort ou avalaient les mots. Sans langue, le caractère nu est dévoilé. La voix des plus expansifs d'entre nous était plus forte, et celle des plus renfermés était avalée dans leur mutisme. Sans langue maternelle, l'homme est infirme.

Ma langue maternelle était l'allemand. Ma mère aimait cette langue et la cultivait. Dans sa bouche les mots avaient une sonorité pure, comme si elle les prononçait dans une clochette de verre exotique. Ma grand-mère parlait yiddish et sa langue avait un autre son, ou plus exactement un autre goût, car elle m'évoquait toujours la compote de pruneaux. La domestique parlait un ruthène mêlé de mots à nous et de mots de ma grand-mère. Je passais chaque jour de longues heures avec elle. Elle n'exigeait de moi ni discipline ni docilité, son seul désir était de me faire plaisir. Je l'aimais et j'aimais sa langue, et le souvenir de son visage est encore gravé en moi, bien que dans un moment d'épreuve, alors que son aide nous était aussi nécessaire que l'air l'est à la respiration, elle se fût enfuie de la maison, les poches pleines des bijoux et de l'argent qu'elle nous avait volés. Une autre langue, que nous n'utilisions pas à la maison mais qui demeurait très présente dans la rue, était le roumain. Après la Première Guerre mondiale, la Bucovine, ma terre natale, avait été annexée à la Roumanie, et la langue du pouvoir était le roumain. Nous le parlions tant bien que mal et nous ne l'intégrâmes jamais.

Nous baignions dans quatre langues qui vivaient en nous dans une curieuse harmonie, en se complétant. Si on parlait en allemand et qu'un mot, une expression ou un dicton venaient à manquer, on s'aidait du yiddish ou du ruthène. C'est en vain que mes parents tentaient de conserver la pureté de l'allemand. Les mots des langues qui nous entouraient s'écoulaient en nous à notre insu. Les quatre langues n'en formaient plus qu'une, riche en nuances, contrastée, satirique et pleine d'humour. Dans cette langue, il y avait beaucoup de place pour les sensations, pour la finesse des sentiments, pour l'imagination et la mémoire. Aujourd'hui ces langues ne vivent plus en moi, mais je sens encore leurs racines. Il suffit parfois d'un mot pour faire surgir par magie des visions entières.

Je reviens à 1946, l'année de mon arrivée en Israël. Sur le bateau, et ensuite dans le camp d'Atlit où nous fûmes parqués par les Anglais, nous apprîmes quelques mots d'hébreu. Ils avaient une sonorité exotique mais étaient difficiles à prononcer. Il n'y avait aucune chaleur en eux, leurs sons n'éveillaient aucune association, comme s'ils étaient nés dans le sable qui nous entourait de toutes parts. Plus grave encore, ils résonnaient comme des ordres: travailler, manger, ranger, dormir. Il ne s'agissait pas d'une langue que l'on parlait doucement, mais d'une langue de soldats. Dans les kibboutzim et les camps de jeunesse, la langue était imposée de force. Celui qui parlait dans sa langue maternelle était blâmé, mis à l'écart, et parfois puni.

Je n'ai jamais été bavard, mais même le peu qui sortait de ma bouche était ravalé. Nous cessâmes de parler entre nous, et de nouveau, comme dans toute situation critique, le caractère était plus apparent que jamais. Les expansifs et les dominateurs savaient en profiter, dans leurs bouches les mots étaient transformés en ordres; ils prenaient possession du moindre espace en un clin d'œil, leur voix s'élevait haut et fort.

Je me repliai de plus en plus. La première année en Israël ne fut pas pour moi une sortie vers le monde mais un repli de plus en plus crispé sur moi-même. La première année, nous travaillâmes dans les champs et apprîmes l'hébreu, la Bible et des poèmes de Bialik. Les images de la maison et les sons de la langue qu'on y parlait disparaissaient, et la nouvelle langue ne prenait pas racine facilement. Il y avait, comme je l'ai dit, des jeunes gens qui avaient adopté facilement les clichés hébraïques, usaient des mots comme s'ils étaient nés là, mais en ce qui me concerne, la prononciation d'un mot me coûtait de grands efforts, sans parler d'une phrase tout entière. Parfois j'allais à Jaffa, ou plus exactement à Jabalia, où habitaient quelques parents à moi et des gens que j'avais connus avant la guerre. Auprès d'eux, ma langue maternelle sortait un instant de sa geôle.

Pour surmonter le mutisme et le bégaiement, je lisais beaucoup dans les deux langues que je savais lire alors : l'allemand et le yiddish. Je me répétais des phrases entières pour retrouver le flux de la parole. Comme je l'ai dit, ma langue à l'époque n'était composée que de mots. Une phrase entière me coûtait énormément. Je bégayais comme nombre de mes amis et la lecture dans les deux langues de ma mère était une tentative désespérée pour surmonter ce handicap.

L'effort pour conserver ma langue maternelle dans un entourage qui m'en imposait une autre était vain. Elle s'appauvrissait de semaine en semaine et à la fin de la première année il n'en demeura que quelques brandons sauvés des flammes. Cette douleur n'était pas univoque. Ma mère avait été assassinée au début de la guerre, et durant les années qui suivirent j'avais conservé en moi son visage, en croyant qu'à la fin de la guerre je la retrouverais et que notre vie redeviendrait ce qu'elle avait été. Ma langue maternelle et ma mère ne faisaient qu'un. À présent, avec l'extinction de la langue en moi, je sentais que ma mère mourait une seconde fois. C'était une désolation qui se répandait dans mon corps telle une drogue, lorsque j'étais éveillé mais aussi lorsque je dormais. Dans mon sommeil j'errais avec des cohortes de réfugiés, tous bègues, et seuls les animaux, les chevaux, les vaches et les chiens sur les côtés de la route parlaient une langue fluide, comme si l'ordre des créatures s'était inversé.

Pendant plusieurs années, je poursuivis mes efforts pour adopter l'hébreu et le transformer en langue maternelle. Ce journal jauni posé sur mon bureau en est une preuve vivante. Nul besoin d'être graphologue pour voir le tourment, la confusion, la désorientation. Les fautes d'orthographe n'apparaissent pas qu'en hébreu, mais aussi dans ma langue maternelle. Chaque lettre raconte la déchirure et le malheur, et une conscience suraiguë de moi-même. Que vais-je faire sans langue ? me demandais-je dans ces journaux qui tombent en lambeaux. « Sans langue je suis semblable à une pierre. » J'ignore où j'avais puisé cette comparaison mais il me semble qu'elle correspond parfaitement au sentiment que, dépourvu de langue, je flétrirais avec lenteur et laideur, comme le jardin derrière la maison, en hiver.

Les années passées au sein de la Alyat Hanoar puis à l'armée furent sans joie. Il y avait des jeunes qui se régénéraient dans le travail aux champs ; d'autres, assez nombreux, avaient trouvé leur place dans l'armée de métier, mais la plupart s'étaient dispersés sur le marché du travail. Nos rencontres se raréfièrent. Sans langue un homme ne parle pas. Ma langue maternelle, que j'aimais, ne vivait plus en moi après deux années passées en Israël. Je tentai de la ranimer par différents moyens, en lisant et en apprenant des mots et des phrases par cœur, mais ces efforts, comme un fait exprès, ne firent qu'ac-célérer sa mort.

Dès mon arrivée, j'avais haï tous ceux qui m'imposaient de parler hébreu, et à présent, avec la mort de ma langue maternelle, mon hostilité à leur égard avait augmenté. Il est clair que l'hostilité ne modifie pas une situation mais ne fait que la souligner, et la situation était évidente, comme tranchée par la lame d'un couteau : je n'étais ni ici ni là-bas. Ce que j'avais possédé – les parents, la maison et ma langue maternelle – m'était perdu pour toujours, et cette langue qui promettait d'être une langue maternelle n'était rien d'autre qu'une mère adoptive.

Je dois dire ceci : nous acquîmes la langue courante rapidement, et même avec hâte, et nous lisions le journal dès la fin de la première année, mais il n'y avait aucune joie dans cette acquisition. J'avais le sentiment d'effectuer un service militaire qui durerait de longues années – il fallait donc que j'adopte cette langue de soldats –, mais qu'à la fin du service, qui serait comme la fin de la guerre, je reviendrais à ma langue maternelle. Il y avait, bien entendu, un autre dilemme : ma langue maternelle était l'allemand, la langue des assassins de ma mère. Comment parler à nouveau une langue baignée de sang juif ? Ce dilemme, avec toute sa gravité, n'entama pas le sentiment que mon allemand n'était pas la langue des Alle-

mands mais celle de ma mère. C'était clair: lorsque je la
retrouverais, je lui parlerais dans la langue que je lui avais
parlée depuis qu'elle m'avait nourri.

Les années à l'armée furent des années de solitude et de
désolation. Je n'avais pas de maison en Israël, et les baraques
désertes des bases de Tzrifin, Beit Lid ou Hatzerim, les gardes
de jour et de nuit ne faisaient qu'augmenter cette désolation.
Je n'avais pas d'endroit où me réfugier, je me réfugiais donc
dans mon journal. Le journal de ces années-là est rempli de la
nostalgie de mes parents et de la maison que j'avais perdue.
Le plus étrange est que c'est justement à l'armée que mes premiers balbutiements prirent la forme de courts poèmes. Je
dis des «poèmes» mais, à vrai dire, il s'agissait des plaintes
ininterrompues d'un animal abandonné, d'une monotonie
épuisante. Des pensées, des sentiments, un imaginaire bruissaient en moi en permanence mais sans mots, tout se rédui-
sait à une plainte.

À l'armée je découvrai ou plus exactement j'essayai de lire
la littérature hébraïque. C'était une montagne escarpée dont
l'ascension était bien au-dessus de mes forces. Au début des
années cinquante, S. Yizhar et Moshe Shamir étaient à la
mode. Chaque page était pour moi un obstacle à franchir et
pourtant je lisais assidûment, comme si je désirais ainsi
prendre conscience du pays de désolation dans lequel je
m'étais trouvé projeté. À cette époque, je me cherchais et je
cherchais mon identité dans des garçons qui me ressemblaient, mais ce qui émanait des pages que je lisais était un
monde étranger, peuplé de jeunes gens sûrs d'eux – soldats,
commandants ou paysans dans des champs au grand air. Je

venais d'une vie où il n'y avait ni ordre ni magnificence, encore moins de candeur enfantine ou d'idéalisation. Je lisais sans cesse, mais plus j'avançais, plus il était clair que cette vie belle et convenable de travail, de combat et d'amour ne serait jamais la mienne, même si je tentais l'impossible.

Un autre sujet à présent, qui en fait est le même: en ce temps-là, les gens autour de moi s'exprimaient avec des mots soigneusement choisis et des slogans. Je haïssais depuis mon enfance les mots précieux et prétentieux, auxquels je préférais les mots petits et tranquilles qui évoquaient des odeurs et des sons. C'était un conflit supplémentaire impossible à résoudre.

J'avais besoin, comme je le compris plus tard, d'un autre lien avec l'hébreu, un lien non pas mécanique mais intime. Là aussi, comme dans d'autres domaines, sont venus à mon secours des gens sans lesquels je ne serais probablement pas sorti de la prison dans laquelle on m'avait placé. Il y eut d'abord Dov Sadan, puis Leib Ruchman. Auprès de Dov Sadan j'appris le yiddish. Le yiddish, comme je l'ai dit, n'était pas la langue de ma mère mais celle de mes grands-parents. Pendant la guerre et par la suite, j'avais étendu mes connaissances sans parvenir pour autant à la maîtrise de cette langue. Chez Dov Sadan, le yiddish et l'hébreu résidaient sous le même toit, comme des sœurs jumelles. Pendant les cours nous parlions en hébreu mais nous lisions les textes en yiddish. C'est auprès de Dov Sadan que je découvris quelque chose dont on parlait peu en ce temps-là: la plupart des écrivains israéliens étaient bilingues, et ils écrivaient simultanément dans les deux langues. Cette découverte me fit l'effet d'un tremblement de terre. Cela signifiait que «ici» et «là-bas» n'étaient pas déconnectés comme le clamaient les slogans. Nous lisions Mendele dans ses deux langues, tout comme Bialik, Steinberg et Agnon. Leur hébreu était relié à des lieux connus de moi, des paysages dont je me souvenais, et à une sorte de mélodie oubliée qui m'était parvenue, celle de la prière des grands-parents. L'hébreu de la Alyat Hanoar et de l'armée était une langue indépendante, qui n'était liée ni à ma langue ni aux épreuves de ma vie antérieure.

Dov Sadan déployait sous nos yeux une autre carte juive, une carte où l'hébreu et le yiddish, l'art du peuple et l'art des individus, coexistaient. Aux yeux de Dov Sadan, il n'existait pas de cohérence juive, linguistique ou artistique. Il voyait la vie juive dans le présent comme après la grande brisure, pour reprendre un terme de la Kabbale. Notre rôle était de rassembler les morceaux et de ranimer les étincelles de vie qu'ils renfermaient. En d'autres termes, le chemin originel de la vie juive avait été bouleversé, et nous devions avant tout ramasser les éclats épars pour tenter de les rassembler. Les grands mouvements juifs des deux cents dernières années – le hassidisme, l'opposition au hassidisme, les Lumières et la Renaissance juive – ne pouvaient plus continuer à vivre séparément, il fallait construire à partir d'eux une nouvelle vie juive. Ce pluralisme résonnait étrangement en ce temps-là. Les idéologies ne supportent pas le pluralisme. Le monde était divisé en zones noires et blanches: la diaspora contre la patrie, le commerce face à la condition ouvrière, la vie collective face à la vie individuelle, mais plus que tout grondait le fameux slogan: «Oublie la diaspora et plante tes racines dans la terre.» Mais qu'y pouvais-je si je me refusais profondément à anéantir mon passé et à construire sur ses ruines une nouvelle vie ? La pensée qu'un homme devait faire table rase de son passé pour construire une vie nouvelle me semblait fausse, mais je n'osais pas l'exprimer, y compris à moi-même. Au contraire, je m'accusais de posséder des traits diasporiques, bourgeois, et bien sûr un égoïsme incurable. Sur ce plan, et pas seulement sur ce plan, Dov Sadan fut un vrai guide. Il savait exactement d'où je venais, quels étaient les héritages aveugles que je portais en moi. Il avait également deviné que, plus tard, ces héritages deviendraient les fondements de ma vie.

Leib Ruchman était un poète yiddishisant dont je me sentais très proche. Dans sa maison j'entendais le yiddish autrement. Nous formions un petit cercle qui se réunissait chez lui régulièrement. Il nous lisait des poèmes en yiddish et des textes en prose. C'est chez lui que j'entendis pour la première fois les poèmes de M. L. Halperin, Yeohash, Glatstein et Rahel Zikhlinski. Il lisait doucement, sans forcer le ton, comme s'il infusait les mots en nous.

Ruchman avait grandi dans une maison hassidique et avait étudié auprès du rabbin de Prossov. Contrairement à ceux de sa génération, il était resté fidèle à la tradition. Son mode de vie n'était pas hassidique, mais son vocabulaire et ses expressions l'étaient totalement. Une fois par semaine, je m'installais avec lui et lisais les classiques hassidiques, *Toldot, Magid dvarav leYaakov, Likoutei Moharan* et *Noam Elimeleh*. Les livres étaient écrits en hébreu, mais ce n'était pas l'hébreu de la Alyat Hanoar. Le «travail» était le service divin, la «*hashgaha*» n'était pas la surveillance mais la Providence divine, le

« *bitahon*» n'était pas la sécurité des implantations mais la foi dans le Nom. Ce n'étaient pas uniquement les mots qui avaient un sens différent, mais les phrases aussi. La phrase semblait être jouée sur une autre musique, comme un mélange de yiddish et d'hébreu, avec ici et là un mot slave.

La littérature yiddish et la littérature hassidique étaient à l'opposé de tout ce qu'on entendait ici, et c'étaient justement ces deux lieux de vie qui me plaisaient, comme s'ils étaient la maison que j'avais perdue; mais, au-delà de cela, je percevais quelque chose que je ne compris entièrement que plus tard: la littérature, si elle est littérature de vérité, est la musique religieuse que nous avons perdue. La littérature contient toutes les composantes de la foi: le sérieux, l'intériorité, la musique, et le contact avec les contenus enfouis de l'âme. Inutile de dire combien cette approche était éloignée du réalisme socialiste qui fleurissait alors dans le journal *Al Hamishmar* et dans le *Orlogin* de Shlonsky. Pour être honnête, moi non plus je ne savais pas exactement en ce temps-là ce que j'apprenais de mes deux maîtres, ni où me conduiraient plus tard ces études.

En feuilletant mon journal de la fin des années quarante et du début des années cinquante, je vois apparaître une répartition très nette. Lorsque j'écris sur la maison de mes parents, la plupart des mots sont en allemand ou en yiddish, et lorsque je parle de ma vie ici, les mots sont en hébreu. Ce n'est qu'au milieu des années cinquante que les phrases commencent à couler uniformément en hébreu. Chez mes amis, l'adoption de la langue paraissait plus simple. Ils avaient rompu avec leur mémoire et s'étaient bâti une langue qui était tout entière «ici», rien qu'ici. À cet égard, et à d'autres, ils étaient les fils fidèles de ces années-là. «Nous sommes venus en Israël pour construire et être construits.» «Construire et être construits» se traduisait pour la plupart d'entre nous par l'anéantissement de la mémoire, par un changement radical et par la fusion avec ce lopin de terre. En d'autres termes, «une vie normale», comme il était d'usage de la nommer.

Le journal est bègue et pauvre, et en même temps si rempli qu'il pourrait exploser. On y trouve de tout: une nostalgie, bien sûr, des sentiments de culpabilité, des croquis contemplatifs et des tourments sexuels, et, par-dessus tout, une tentative désespérée de relier les visions d'enfance qui m'étaient chères à la nouvelle vie. Ce combat était un combat de tous les jours et il s'étendait sur plusieurs fronts: mon éducation qui s'était achevée à la fin du cours préparatoire, le corps qui n'était pas fort, une faible estime de soi, la mémoire qui était sommée de disparaître et qui désobéissait, l'idéologie qui voulait faire de moi un homme à l'horizon étroit, ou pour dire les choses autrement: conserver le «je» sommé d'être ce qu'il ne pouvait et ne voulait pas être. Mais plus que tout je me battais pour acquérir la langue et l'adopter comme langue maternelle. À un très jeune âge, avant de savoir que mon destin m'amènerait vers la littérature, l'instinct me murmura que, sans une connaissance intime de la langue, ma vie serait plate et insipide.

Dans ces années-là, l'approche de la langue était par principe mécanique: «Acquiers des mots et tu auras acquis une langue», disait-on. Cette approche mécanique qui exigeait de s'arracher à son monde pour se transporter dans un monde sur lequel on n'avait guère prise, cette approche, donc, il faut le reconnaître, s'imposa, mais à quel prix: celui de l'anéantissement de la mémoire et de l'aplatissement de l'âme.

19

Entre 1946 et 1948, je fus dans un camp de la Alyat Hanoar, et entre 1948 et 1950 j'étudiai à l'école agricole fondée par Rahel Yanaït à Ein Kerem, ainsi qu'à l'école agricole de Hannah Meisel à Nehalal. Je vécus quatre années consécutives en contact avec la terre, persuadé que mon destin était là. J'aimais la terre et en particulier les arbres dont je m'occupais. J'ai eu ces années-là un emploi du temps limpide. Lever avant le soleil, travail intensif de six heures à huit heures, petit déjeuner complet et parfumé puis travail continu. J'aimais la sieste des chaudes journées d'été. Durant ces années-là, une partie de mon être était en effet endormie. Les années de guerre avaient sombré en moi comme une pierre et je m'attachais de plus en plus à la terre, à l'hébreu et aux livres que je lisais avec une soif intense. Pour être aussi fidèle que possible à ces années-là, je recopie, en ne corrigeant que les fautes, des passages de mon journal.

30.12.46. *Aujourd'hui j'ai appris l'élagage. Parfois il me semble que je ne suis pas venu ici, mais que je suis né ici. J'aime tant la terre et les arbres qu'il m'est difficile de croire qu'il s'agit d'un amour nouveau. Si j'avais le pouvoir d'effacer les années de guerre de mon âme je me fondrais plus facilement à la terre et aucune barrière ne nous séparerait.*

17.1.47. *Aujourd'hui il y a eu une mobilisation et j'ai travaillé au potager. C'est un travail de groupe. Les plants qui poussent une fois l'an me fatiguent. Tu plantes et récoltes aussitôt. À la plantation tu fortifies les arbres pendant des années, tu ressens la joie de leur pousse, leur vie à chaque saison. «Car l'homme est l'arbre du champ», ai-je lu dans la Bible. Seul un homme qui fait pousser des arbres peut comprendre cela.*

Et ailleurs, sans date: *Aujourd'hui j'ai cueilli des prunes Sainte-Rose, et c'est bien que je sois seul. Le travail en commun me donne le vertige. Plus grave encore: je cesse de ressentir et de penser. Ce n'est que seul avec moi-même que je grandis et me lie à la terre*

Et sur la même feuille: *Le moniteur M. m'a demandé incidemment, à la pause de dix heures, où j'étais pendant la guerre. La question m'a tellement surpris que je suis resté bouche bée. «Dans beaucoup d'endroits», ai-je choisi de dire pour éviter une conversation superflue. M. m'a cependant poussé à parler et je me suis senti emprisonné dans le mutisme. Une frayeur s'est emparée de moi et ma mémoire s'est éteinte. Je n'ai su que dire et répéter: «Dans beaucoup d'endroits.»*

13.8.47. *Chaque nuit je me répète: oublier plus et plus encore. Plus j'oublierai, plus l'union avec la terre et la langue sera facile. Les obstacles sont nombreux. Hier soir j'ai eu une longue conversation avec la monitrice Sh. Nous avons parlé en allemand. Cela fait plusieurs années que je n'ai pas parlé allemand et pourtant les mots me venaient facilement. Apparemment, on ne peut pas déraciner une langue maternelle.*

J'ai fait un rêve: Maman, Papa et moi nous baignons dans le

Pruth. Deux longs radeaux passent devant nous. Maman et Papa sont si jeunes, ils ressemblent plus à des lycéens qu'à des parents. Je m'étonne un instant de leur transformation. Maman me serre contre elle et dit: «C'est un bal masqué, bientôt tout redeviendra comme avant.» La sonnerie du lever m'a réveillé et a déchiré le rêve en lambeaux.

20.8.47. *Hier, il y a eu une conférence au réfectoire. Un homme plus très jeune vêtu d'une chemise bleue a parlé de la faiblesse juive, a fait l'éloge des partisans et des immigrés clandestins qui arrivaient en Palestine, a blâmé les trafiquants qui se terrent à Jaffa et à Tel-Aviv. «Nous devons changer, a-t-il dit d'une voix forte, nous devons être des travailleurs de la terre et des combattants.» Je me suis identifié à ses paroles et en même temps je l'ai trouvé répugnant. Il semblait être un homme capable de frapper sans hésiter. On peut supposer que je me trompe.*

Dans les rêves je suis encore sur les routes, traqué, et je tombe dans des trous profonds. Hier soir l'un de mes poursuivants a réussi à m'attraper par les chevilles et m'a fait tomber dans un trou profond. Je suis tombé, j'ai coulé et c'est bien que je me sois réveillé sans avoir été frappé.

Je pensais naïvement que ma vie précédente était morte, et que ce qui bouillonnait en moi n'était rien d'autre que les derniers soubresauts des visions du passé. J'étais à l'air libre la majeure partie de la journée, labourant, hersant, taillant les arbres ou greffant dans les plantations. Cette vie me paraissait si vraie et juste que le reste me semblait totalement extérieur, ne m'appartenait plus. À cette même époque m'habitait un autre sentiment, qui avait commencé à poindre dans la maison de mon grand-père au village, puis dans la forêt lorsque j'y fus seul, quelque chose comme un sentiment religieux.

Je vais tenter d'expliquer. Je viens d'une famille assimilée, sans la moindre trace de foi religieuse. Il y avait à la maison beaucoup de calme, d'écoute, de délicatesse dans les rapports, mais tout était fondé sur une base rationnelle. La religion institutionnalisée était considérée comme dénuée de sentiment vrai, vulgaire et faussée. C'était apparemment l'esprit de l'époque, et non une conclusion personnelle, puisque la piété de ma grand-mère était humble et discrète. Grand-père aimait beaucoup ma mère et je ne l'ai jamais entendu la sermonner ou lui démontrer quoi que ce soit, bien qu'il sût que notre mode de vie en ville ne respectait pas la pureté de la cashrout. Je sais, ou plus exactement je sentais parfois, que ma mère avait une tendresse cachée pour la foi de ses pères, mais cette tendresse ne prenait forme dans aucune expression concrète. Plus encore, à la maison on prenait soin de ne prononcer aucune parole pouvant être interprétée comme une marque de foi. Tous les termes de la foi étaient affublés du sobriquet «magie».

J'aimais le village de Grand-père et Grand-mère, la maison de bois spacieuse, les acacias qui poussaient à proximité, la plantation, les plates-bandes du potager, et même les toilettes à l'extérieur de la maison, une sorte de petite cabane en bois couverte de plantes grimpantes. Le mystère était partout. Non sans raison, ma conscience fut imprégnée du sentiment que Dieu résidait seulement à la campagne. Là-bas j'allais avec Grand-père à la synagogue, j'écoutais la prière et je contemplais les lions au-dessus de l'arche sainte. À la campagne, Dieu résidait dans chaque coin ombragé et sous les racines épaisses des acacias. Dans mon cœur je m'étonnais parfois que Papa et Maman ne voient pas ce qui était si lumineux pour Grand-père et moi.

Plus tard, lorsque je m'enfuis du camp et me retrouvai dans la forêt, ces sensations de mystères me revinrent. J'étais sûr que Dieu me sauverait et me ramènerait à mes parents. À vrai dire, tout le temps que dura la guerre, mes parents se confondaient avec Dieu en une sorte de chœur céleste accompagné par des anges, destiné à venir me sauver de ma vie malheureuse.

Ces visions s'évanouirent à la fin de la guerre, lorsque je me trouvai pris au milieu d'une foule de réfugiés. Durant la majeure partie de la guerre, j'avais été seul et je n'avais pas parlé. Je me nourrissais des visions et des divagations qui remplissaient ma pauvre vie. Parfois je coulais en elles et j'oubliais que j'étais en danger.

La période de la Alyat Hanoar me fut pénible, entre autres parce que je me trouvais soudain cerné par des enfants de mon âge et que j'étais obligé de parler. La présence des enfants et la parole étaient si difficiles pour moi que plus d'une fois je fus sur le point de m'enfuir. Le journal des années 1946-1950 est rempli de la nostalgie des jours où j'étais seul, entouré d'arbres et de prairies, vivant dans mon mutisme.

Les périodes passées dans la forêt et chez les paysans m'obligèrent à me taire et à écouter. Si j'avais grandi chez moi, je suppose que je n'aurais pas été aussi inhibé. Mes parents parlaient peu et pourtant il y avait une culture de la parole à la maison. Mes parents étaient sensibles aux mots et ils discutaient souvent du sens d'un mot ou d'une expression. Durant la guerre, je fus obligé de cacher mon identité, la première règle étant le silence. À la place de la parole, je développai l'écoute et la contemplation. Après la guerre, lorsque les gens virent qu'aucun son ne sortait de ma bouche, ils crurent que j'étais muet et, à vrai dire, je l'étais à moitié.

Les années 1946-1950 furent des années très bavardes. Une époque idéologique produit des mots et des clichés. Tout le monde parlait. Il me semblait parfois que tout le monde était allé à une école de la parole, sauf moi. On parlait non seulement à la maison mais aussi dans la rue, aux réunions, et la littérature aussi était pleine de paroles. La littérature de ces années-là abonde en mots. Parfois il me semblait qu'on ne pouvait pas lire un livre sans avoir un dictionnaire à portée de main. Ainsi Yizhar, Shamir et d'autres. Mon journal est rempli d'étonnement face à l'abondance des mots et des descriptions. J'étais persuadé de ne jamais pouvoir écrire comme il se devait.

Seul celui qui a du mal à parler a besoin d'un journal. Lorsque je regarde mon journal, je découvre qu'il est plein de phrases inachevées, de l'obsession d'être précis, et que l'espace entre les mots parle plus que les mots eux-mêmes. Quoi qu'il en soit, mon journal n'est pas un témoignage au flux abondant mais une expression inhibée. Je dis cela sans le moindre apitoiement, mais avec la volonté de comprendre mon évolution vers l'âge adulte.

Mon écriture à ses prémices fut plus retenue que déliée,

elle était comme un prolongement de mon journal. Quelque chose de ma façon de parler l'avait imprégnée. La crainte permanente qu'une impropriété quelconque ne m'échappe et me dénonce, qui caractérisait ma façon de parler même longtemps après la guerre, s'exprima dès mes premiers écrits. C'est en vain que j'essayais d'améliorer le flux. Mon écriture était une sorte de marche sur la pointe des pieds, une méfiance, une répugnance.

Je produisis peu durant les années cinquante, effaçant sans pitié ce que j'écrivais. Mon penchant à utiliser peu de mots devint une exigence. Dans ces années-là, la littérature était submergée de descriptions de paysages et de personnes. «Il décrit largement», disait-on. L'étalage était considéré comme épique. Les premières lettres de refus que je reçus des éditeurs disaient simplement: il faut élargir, remplir, on ne distingue pas encore d'image. Il ne fait aucun doute que mon écriture de ces années-là était bourrée de défauts, mais pas pour les raisons évoquées par les éditeurs.

À la fin des années cinquante, j'abandonnai l'ambition d'être un écrivain israélien et je m'efforçai d'être ce que j'étais vraiment: un migrant, un réfugié, un homme qui portait en lui l'enfant de la guerre, parlant avec difficulté et s'efforçant de raconter avec un minimum de mots.

La quintessence de cet effort se trouve dans mon premier livre, *Fumée*. De nombreux éditeurs feuilletèrent le manuscrit. Chacun y trouva un défaut. L'un dit qu'on n'avait pas le droit d'écrire de fiction sur la Shoah, un autre prétendit qu'il ne fallait pas écrire sur les faiblesses des victimes mais mettre en valeur les actes héroïques, la révolte des ghettos et les partisans, d'autres affirmaient que le style était défectueux, hors normes, pauvre. Chacun se permettait de réclamer des corrections, des ajouts, des coupes. Ils ne voyaient pas ses vraies qualités. Moi non plus je ne les voyais pas, et plus encore: j'étais sûr que tout ce qu'on me disait était juste. Il est étrange de voir la facilité avec laquelle nous faisons nôtre une critique. Une critique fondée peut être également destructrice, mais il n'est rien de pire qu'une critique venant de l'extérieur pour vous nuire. Il m'a fallu des années pour me libérer de cette tutelle et pour comprendre que moi seul pourrais m'orienter vers ce qui était bien pour moi.

Mon premier livre reçut un accueil favorable. Les critiques dirent: «Appelfeld n'écrit pas sur la Shoah mais sur les marges de la Shoah. Il n'est pas sentimental, il est tout en retenue.» Cela était considéré comme un compliment dont je me réjouissais, et pourtant, déjà, le qualificatif «écrivain de la Shoah» me collait à la peau. Il n'y a pas d'appellation plus irritante que celle-ci. Un véritable écrivain écrit à partir de lui-même et la plupart du temps sur lui-même, et si ses propos ont un sens, c'est parce qu'il est fidèle à lui-même, à sa voix, à son rythme. Les généralités, le sujet ne sont que des sous-produits de l'écriture, non son essence. J'ai été un enfant pendant la guerre. Cet enfant a mûri, et tout ce qui lui est arrivé ou s'est produit en lui a eu un prolongement dans ses années d'adulte: la perte de la maison, la perte de la langue, la méfiance, la peur, la difficulté de parler, l'étrangeté. C'est à partir de ces sensations que je brode la légende. Seuls des mots justes construisent un texte littéraire, et non pas le sujet.

Je ne prétends pas apporter un message, être un chroniqueur de la guerre ou une personne omnisciente. Je me relie aux lieux où j'ai vécu et j'écris sur eux. Je n'ai pas l'impression d'écrire sur le passé. Le passé en lui-même est un très mauvais matériau pour la littérature. La littérature est un présent brûlant, non au sens journalistique, mais comme une aspiration à transcender le temps en une présence éternelle.

20

À dix-huit ans je ne savais pas encore écrire correctement. Au bureau de recrutement militaire d'Afoula, à moitié nu, près de la porte de la commission d'examen médical, je remplis un formulaire, et le secrétaire corrigea deux fautes qu'il avait relevées. Ce n'était pas la première fois qu'on me reprenait. Chaque fois, j'avais l'impression d'être poignardé. Il me semblait que jamais je ne saurais écrire et qu'il y aurait toujours quelqu'un pour trouver des fautes d'orthographe dans ce que j'écrivais.

Ensuite on me demanda d'ôter mon tricot de corps. Je me tenais face à trois médecins qui m'observaient. Ils étaient différents des médecins de mon enfance dont j'avais le souvenir. L'un d'eux vint vers moi, prit mon pouls, vérifia ma tension, me demanda de monter sur le pèse-personne et de lui tendre mes lunettes. Les deux autres médecins examinèrent également mes lunettes : les verres étaient épais.

J'étais debout et ils chuchotaient entre eux. Il me semblait qu'ils parlaient de ma maigreur, de ma myopie et de mon dos voûté, et même s'ils parlaient à voix basse, j'avais l'impression qu'ils souhaitaient que je les entende.

« Et des maladies, tu en as eu ? me demanda-t-on.

– La dysenterie», répondis-je aussitôt.

Tous ceux qui avaient été dans un camp avaient eu la dysenterie. C'était l'un des signes de la fin qui approchait. Les enfants ne résistaient que quelques jours, puis se recroquevillaient et s'éteignaient.

L'éternelle question revint:

«Où et quand es-tu né?

– Czernowitz, 1932.

– Nom des parents?

– Ma mère: Bounia. Mon père: Michaël.

– École primaire?

– Cours préparatoire.

– Enseignement secondaire?

– Non.»

Ces questions qui m'avaient été posées tant de fois reçurent là un écho amplifié, comme si elles étaient posées pour la première fois.

Les médecins m'observèrent à nouveau et l'un d'eux demanda: «Quand as-tu immigré?

– En 1946.

– Et qu'as-tu fait en Israël?

– Deux ans à la Alyat Hanoar et deux ans en apprentissage dans des plantations.

– Tu veux servir dans l'armée?

– Oui.»

Les trois médecins eurent un petit rire curieux.

«Habille-toi», m'ordonna-t-on.

Ma nudité et les questions qui m'avaient été posées avaient semé en moi le trouble. J'avais l'impression qu'on venait de trouver en moi de lourdes tares physiques et intellectuelles et qu'on allait bientôt m'annoncer que je ne pourrais pas effectuer mon service militaire. Et l'annonce serait accompagnée d'un violent blâme.

Je les regardai de nouveau. Ils parlaient entre eux. Je ne comprenais rien à ce qu'ils disaient, mais, à la pensée qu'ils parlaient de moi dans une langue secrète, mon angoisse augmenta.

«Et des frères et sœurs, tu en avais? demanda l'un d'eux en relevant la tête.

– Non.»

Un instant il me sembla qu'ils tentaient de résoudre une énigme. L'énigme, c'était moi, il ne leur manquait que quelques détails, et bientôt leur blâme serait prononcé.

Je suis en bonne santé, étais-je sur le point de dire. Ma myopie ne m'empêche pas de lire. Il est important pour moi de servir dans une unité combattante. Cela effacera en moi une bonne fois pour toutes les blessures et les vexations dont j'ai souffert. Je pourrai faire face à toutes les missions que l'on me confiera. Donnez-moi une chance de le prouver. Tandis que j'étais plongé dans ces pensées, l'un des médecins qui m'avaient examiné leva le nez de ses papiers et dit: «Apte au service.» Comme s'il avait réussi à résoudre l'énigme.

Je savais que ça viendrait, et c'était donc venu.

Les mois qui précédaient, j'avais fait de nombreux efforts pour m'endurcir, ou plus exactement pour avoir l'air robuste. J'avais couru, j'avais fait de la gymnastique, grimpé sur des collines et soulevé des poids. Peut-être était-ce à cause de cela que j'avais maigri. Ce n'est pas pour rien qu'on me demanda si je mangeais suffisamment. Je m'entraînais car je souhaitais être intégré à une unité combattante. L'idée qu'un jour je serais un combattant, peut-être un officier, avait longtemps occupé mes pensées. Il me semblait que le cadre militaire, les entraînements et le combat modifieraient non seulement mon corps mais aussi mon caractère. Les blessures dont j'avais souffert disparaîtraient, je serais grand et rugueux, comme il sied à un guerrier.

À présent ce rêve aussi s'évaporait. L'armée m'acceptait, certes, mais dans des conditions extrêmement restrictives. Un «apte au service», ou A.S. en abrégé, est soldat à moitié, au quart, c'est celui qui servira les combattants, leur donnera les vêtements adéquats, la nourriture, mais ne sera jamais l'un d'eux.

Nous nous tenions dehors au soleil, et nous attendions qu'un camion nous conduise au camp des nouvelles recrues. Les A.S. d'un côté et les combattants près de l'eucalyptus. La différence, on se doit de le reconnaître, était visible à l'œil nu. Les combattants étaient plus grands, se déplaçaient avec assurance, parlaient d'une voix rauque, étaient plus musclés et velus. Les A.S. étaient trahis par leur tenue: molle et négligée. Mais, plus que la tenue, parlaient les yeux: il n'y avait en eux ni éclat, ni volonté déterminée. Une sorte de consternation les assombrissait. Il était clair que les A.S. n'étant pas nés pour accomplir des actes courageux, ils demeureraient dans les bases arrière et serviraient les combattants destinés depuis les six jours de la création à être en première ligne pour accomplir des actes audacieux. J'étais malheureux que le destin ne m'eût pas réservé une vie plus utile. Dès lors, la répartition était limpide: aux uns les actions glorieuses, aux autres les services ternes. Je m'aperçus rapidement que les appelés se connaissaient entre eux, la plupart étaient des locaux, des gens d'Afoula, ils avaient étudié ensemble à l'école primaire et au lycée, et j'étais le seul étranger, pour tout dire, à porter en lui d'autres paysages, une autre langue, des expériences incommunicables.

Un soldat vint vers moi.

«Ton nom?»

Je le lui dis.

«Dans quelle école as-tu étudié?

– Je n'ai pas étudié.

– Tu rigoles?

– C'est la vérité. Je suis né à l'étranger.»

Le jeune me lança un regard, sans que je puisse déterminer s'il contenait du mépris ou de la pitié.

Je savais que j'étais à la croisée des chemins, mais je n'avais pas le pouvoir de changer quoi que ce soit. Un corps mou et un manque de culture sont un obstacle partout. À l'armée ils sont décisifs. C'est en vain que j'essayai plus tard d'être admis à différentes formations. Toutes les portes m'étaient fermées.

Au bureau de recrutement, j'avais rencontré l'appelé Sh., qui, contrairement à moi, avait passé la guerre avec ses parents, caché dans un village en Belgique. Durant les longues années de guerre, ses parents lui avaient donné des leçons. Son père était un linguiste réputé et sa mère une scientifique, ils lui avaient enseigné tout ce que l'on apprend au lycée et, dans de nombreuses matières, bien plus encore. Les années de guerre avaient été pour Sh. des années d'études intenses. En plus du français, il parlait couramment l'allemand, l'anglais, et d'autres langues aussi. Son apparence extérieure témoignait de ses dons et de son implication dans les études – il était très grand et fragile. Ses doigts fins dénotaient le goût et la sensibilité. Il me parlait dans ma langue maternelle, l'allemand, et s'exprimait avec élégance, avec des mots recherchés que je ne comprenais pas tous. C'est ainsi que l'on parlait dans ma famille mais j'avais tout perdu, à cause de la guerre. Même des mots que je connaissais avaient sombré dans l'oubli.

Nous nous sommes côtoyés durant toute la période des classes. C'est de sa bouche que j'entendis pour la première fois les noms de Kafka, Sartre et Camus, les mots «intensif», «dramatique» et «intégral». Il ne cessait de prononcer les noms de gens connus, de lieux historiques, et, bien sûr, des titres de livres.

«Et pendant toute la guerre tu as étudié? lui avais-je demandé.

– J'ai étudié et j'ai passé les examens.

– Qui te les faisait passer?

– Mon père.»

En dépit de ses manières agréables, il y avait en lui quelque chose d'inquiétant, comme s'il était un homme d'une autre espèce. Les classes n'étaient pas faciles pour lui non plus, mais il avait pour chaque situation un mot ironique, une comparaison sarcastique, qui tournaient en ridicule les hurlements du sergent-chef. Si ses parents ne lui avaient pas légué une grande force physique, ils lui avaient appris une abondance de mots qui le protégeaient et lui facilitaient le maniement du mortier ou des munitions.

Je l'enviais. De toutes les langues que j'avais parlées à la maison, il ne m'en restait pas une. Les livres dont je me souvenais étaient ceux de Jules Verne, mais même eux, à vrai dire, je les avais oubliés.

Je n'avais pas d'amis pendant les classes et il était la seule personne avec laquelle je parlais. Il était manifeste qu'il avait traversé les années de guerre en s'ouvrant l'esprit. Il avait étudié et digéré ce qu'il avait appris, et il glissait toujours dans ses propos un mot en français ou en anglais. S'il n'y avait eu la guerre, j'aurais été comme lui, mais j'avais passé la guerre dans le ghetto, dans le camp, et dans les plaines d'Ukraine.

Même si j'y consacrais ma vie entière, je n'atteindrais jamais son niveau.

«Et pendant toutes ces années, tu es resté caché? dis-je avec jalousie.

– C'est exact.

– Et vous n'êtes jamais sortis de la cachette?

– La nuit, nous montions au salon.

– Et vous aviez de la nourriture?

– En abondance.»

Malgré son corps faible, il était plein d'assurance, de confiance en soi et de mépris envers un entourage qui l'avait enfermé dans un cadre rigide.

Après les classes, il quitta notre groupe pour être incorporé à une unité secrète. Dès lors, je ne le vis plus. On racontait qu'après son service il avait embarqué avec ses parents pour l'Amérique. Une autre rumeur disait qu'il était retourné dans son pays natal, la Belgique, et qu'il enseignait là-bas, à l'université.

Sh. est l'une des personnes qui semèrent le trouble dans mon esprit et me firent développer un complexe d'infériorité. Il savait tout mieux que moi. Son ironie et ses moqueries, qui ne m'étaient généralement pas destinées, me blessaient pourtant. Son grand corps faible était armé de tous les boucliers possibles. Il n'y avait aucun doute: dans n'importe quelle guerre, ce serait lui le vainqueur.

21

Mon journal des années 1950-1952 – mes années de service militaire – est presque vide. Ces années-là, je n'avais pas de coin à moi et c'est ce que reflète le journal. À l'armée, particulièrement durant les longues heures d'attente, je lisais tout ce qui me tombait sous la main. Je dis «je lisais», mais j'avalais plutôt, sans le moindre discernement, comme pour essayer de rattraper tout ce que j'avais manqué. Ma culture personnelle, insignifiante, me faisait souffrir au propre comme au figuré.

Cependant, je le redis, ce n'est pas dans les livres que j'ai puisé la connaissance et le sens, mais dans la vie même. Cette fois je me trouvais dans un cadre militaire rigide: les rassemblements du matin et ceux du soir, la rigueur apportée à l'habillement, les lits à mettre en ordre et le nettoyage de l'arme. J'avais connu la souffrance dans le ghetto et le camp; à présent ce n'était plus la souffrance de la faim ou de la soif mais une pression psychologique. Là-bas, j'avais ressemblé à un animal qui tente de se faire petit, de se camoufler, de se dérober, de disparaître, et il y avait dans cette dérobade au-dessus du gouffre une joie enfouie de faible, et parfois une joie maligne. À présent j'avais dix-huit ans et j'étais étrangement lourd. L'uniforme, censé m'inspirer de la fierté, n'avait pas redressé ma stature. Au contraire, je me sentais assujetti et emprisonné. L'armée au début des années cinquante était très dure. Après des années de clandestinité, elle se voulait une armée comme les autres. Et comme toute révolution, celle-ci versa aussi dans les extrêmes. La discipline était assortie d'humiliations et de décisions arbitraires. Je souffrais de l'enfermement et de la domination, et pour surmonter ma détresse j'adoptai là aussi la ruse que je connaissais depuis mon enfance : la contemplation.

La contemplation possède plusieurs facettes : lorsqu'on est en position d'observateur, on se trouve à l'extérieur, légèrement surélevé et éloigné. La distanciation vous informe qu'untel qui vous crie dessus crie peut-être sur son père ou sa mère. Vous vous êtes trouvé seulement par hasard sur son chemin, et untel, qui ne crie pas, est parfois pire que celui qui crie. Pour fayoter auprès de ses supérieurs, il vous oblige à des marches nocturnes, vous ordonne de creuser des trous carrés, afin de prouver à ses commandants que sa compagnie ne lambine pas. Celui qui est obséquieux dès son jeune âge le demeure toujours, et ceux qui appartenaient à cette catégorie, à mon grand étonnement, en portaient les signes extérieurs : ils étaient lourds, et malgré leur jeunesse déjà rembourrés d'une honnête couche de graisse. La contemplation soulage quelque peu du malheur et de l'apitoiement sur soi ; plus on contemple, plus la douleur diminue.

Dans mon enfance déjà, j'aimais contempler. Je restais des heures près de la double fenêtre et regardais la neige tomber. L'été je m'installais dans le jardin et j'observais les fleurs et les animaux domestiques qui peuplaient la cour. La contemplation me procurait toujours du plaisir, le plaisir de me fondre avec ce qui surgissait sur mon chemin. Ce n'est que plus tard, vers six ou sept ans, que je commençai à remarquer les détails et les formes. Par exemple, le chat de notre voisine qui portait un ruban rose, et la voisine, une petite femme ronde vêtue d'une longue robe au décolleté profond, portant dans les cheveux un ruban qui rappelait celui noué autour du cou de son chat. Elle n'était pas mariée mais avait un amant officier dans l'armée roumaine, lequel venait chez elle chaque soir. Ses bottes étaient munies d'éperons, signe qu'il servait dans la cavalerie.

Notre maison était conçue pour deux familles; notre chambre à coucher était mitoyenne avec la sienne, de même que notre salle de bains. Elle passait la majeure partie de ses journées à se pomponner dans son bain, en prévision de la venue de l'officier la nuit. Lorsqu'elle sortait sur le pas de la porte dans son peignoir rose, son ruban dans les cheveux, elle exhalait un parfum capiteux. Maman la considérait avec répugnance, et moi, *a contrario*, j'aimais la contempler. Telle une actrice, elle changeait de robe presque toutes les heures, gardant les plus éclatantes pour la nuit. Elle ressemblait à un animal mais j'ignorais lequel. Son amant avait la démarche d'un cheval, et lorsqu'il grimpait les escaliers je m'attendais à ce qu'il hennisse d'un instant à l'autre.

Notre voisine et son amant comptent parmi les visions les plus précises gravées dans ma mémoire. Son air douceâtre, les fauteuils et les canapés qu'elle couvrait de dizaines de coussins, les tapis épais, les bougies disposées dans des coupelles de porcelaine, les tableaux – des huiles accrochées tout au long des murs – sur lesquels apparaissaient une multitude d'anges. Notre maison, comparée à la sienne, semblait sombre et monacale, austère, et si ce n'étaient quelques gravures que Maman avait achetées avec beaucoup de soin, les murs de la maison eussent été presque nus.

Nous habitions ainsi côte à côte. Nous connaissions son emploi du temps et elle le nôtre. Parfois elle me demandait si je m'ennuyais. «Je ne m'ennuie jamais», lui avais-je répondu, ce qui l'avait étonnée. Lorsque nous fûmes chassés de la maison vers le ghetto, elle resta sur le pas de sa porte, son chat dans les bras, nous regardant comme si nous avions perdu la raison, et non pas comme si on nous chassait vers la mort.

Ensuite vinrent les jours de la faim dans le ghetto, déjà sans Maman et seulement avec Papa, qui était aux travaux forcés la majeure partie de la journée. Nos voisins, le pharmacien Stein et le comptable Feingold, ne furent enrôlés pour aucun travail, et ils se ruaient partout où l'on distribuait de la nourriture. Ces honnêtes gens étaient méconnaissables. Papa était en colère après eux et leur métamorphose, mais moi je les observais. Le ghetto les avait effectivement changés. Leurs visages étroits s'étaient élargis et une certaine rougeur étrangère était apparue sur leurs joues. Ils étaient devenus des bêtes de ghetto et ne reculaient devant aucun moyen. Mon père penchait toujours vers le sentimentalisme, pour reprendre le terme employé par Schiller. Si quelque chose lui déplaisait, il le blâmait ou le considérait comme nul. Il haïssait le laid, le distordu, l'immoral. Il considérait qu'accorder un regard à ces choses valait acquiescement. Plus encore, l'observation était à ses yeux un plaisir suscité par la laideur, une absence de prise de position. Un homme est jugé sur ses actes, pas sur ses pensées, telle était la règle selon laquelle il vivait. Il refusait d'accepter la réalité sereinement. Il voulait toujours corriger, ou tout au moins améliorer.

J'avais, semble-t-il, hérité de ma mère le penchant pour l'observation. Je la surprenais fréquemment près de la fenêtre, en contemplation. Il était difficile de savoir si elle contemplait le paysage qui s'offrait à la fenêtre ou si elle était à l'écoute de ce qui s'élevait de son âme. Je ne l'ai jamais vue contempler des êtres. Elle avait une perception, souvent fine, de la morphologie d'untel ou de l'attitude d'untel, mais elle n'observait jamais directement les personnes. L'observation directe était pour elle une forme d'intervention et d'intrusion dans l'intimité.

Durant les jours de famine au ghetto, alors que j'étais déjà un enfant abandonné, je restais des heures dans les escaliers d'immeubles désertés, ou sur des places avec les vieux, ou près d'une flaque – assis et contemplatif. La contemplation me procurait le plaisir que l'on trouve dans la sensation d'être oublié de tous: un balcon triangulaire, un vieux qui agitait sa canne et frappait subitement un chien, ou une femme assise en train de jouer seule aux cartes. Un instant de contemplation ne vous offre pas la plupart du temps de nouvelles pensées mais vous remplit de couleurs, de sons et de rythmes. Il peut vous doter d'un réservoir de sensations qui vous accompagnent longtemps. Une vraie contemplation, comme la musique, est dénuée de contenu matériel.

Au temps du ghetto, j'avais huit ans et je ne pensais pas, et si j'avais des pensées, elles concernaient des besoins vitaux. Je passais des heures assis à contempler. Les visions s'écoulaient vers moi et m'emplissaient de joie. Dans mon sommeil, les visions de la journée devenaient surdimensionnées ou effrayantes. Un jour, vers la fin de l'existence du ghetto, j'étais assis sur une place et je regardais un groupe de vieux se réchauffer au soleil. Soudain l'un d'eux se leva, vint vers moi et me gifla. Je fus si stupéfait que je restai sans bouger. Le vieux, voyant que je ne bougeais pas, me gifla de nouveau et cria: «Maintenant tu ne regarderas plus. Maintenant tu sauras qu'on ne regarde pas.»

Ces gifles, qui m'avaient atteint sans que je m'y attende, sont les prémices de ma conscience. À présent je savais que la contemplation n'est pas qu'une affaire entre soi et soi, elle concerne les gens, et peut-être les blesse-t-elle. «Maintenant tu ne regarderas plus», ces mots résonnaient en moi. Comme si j'avais été pris en train de voler, ou de frauder. Jusqu'alors je n'étais pas conscient de mon aspiration à la clandestinité.

On n'anéantit pas un désir violent comme celui de la contemplation par une gifle, et pourtant, après ces gifles, je perdis la contemplation spontanée et empathique qui durait parfois des heures. Dès lors, elle devint furtive, volée. Pour surmonter la peur, j'usai d'une nouvelle ruse: je commençai à épier les bruits. En épiant, on devine le visage de celui qui parle, s'il est grand ou petit, possède des manières agréables ou est méchant. Si la contemplation avait été l'une des sources de ma joie, cette joie était à présent mêlée d'un sentiment de transgression.

La période de l'armée avait été une pénible épreuve. Je vivais depuis quatre ans en Israël et tout n'était encore que chaos. Les langues que j'avais apportées avec moi s'éteignaient, et l'hébreu, laborieusement acquis, n'était pas fluide dans ma bouche. Mais plus pénible que tout cela était la question de l'appartenance. Qui étais-je et qu'étais-je dans cette terre d'été, à côté des longues baraques de recrues de Tzrifin ? Certes, il y avait dans ma promotion un grand nombre d'immigrants, mais ces derniers me semblaient plus impliqués dans ce qui se passait à l'armée, et surtout plus forts. Les longues années de guerre m'habitaient encore et la vie à l'armée m'apparaissait comme la continuité de ces années-là, mais sous un autre visage : à la peur des arbres de la forêt ou du paysan ruthène qui pouvait soudain reconnaître l'enfant juif en moi se substituait une autre peur, celle du sergent qui s'acharnait sur moi jour et nuit.

J'avais survécu à la guerre non pas parce que j'étais fort ou que j'avais combattu pour ma survie. Je ressemblais plutôt à un petit animal qui aurait trouvé un refuge temporaire dans un abri d'infortune, se nourrissant de ce que l'instant lui proposait. Le danger avait fait de moi un enfant attentif à son entourage et à lui-même, mais pas un enfant robuste. Je restais des heures assis dans la forêt, à contempler la flore, ou près d'un ruisseau à suivre des yeux son cours. La contemplation me faisait oublier la faim et la peur, et des visions de la maison me revenaient. Ces heures étaient peut-être les plus plaisantes, s'il est permis d'utiliser cet adjectif lorsque l'on évoque le temps de la guerre. L'enfant sur le point d'être oublié dans cette solitude sauvage, ou d'être tué, redevenait le fils de son père et de sa mère, se promenant avec eux l'été dans les rues, un cornet de glace à la main, ou nageant avec eux dans le Pruth. Ces heures de grâce me protégèrent de l'anéantissement spirituel. Plus tard aussi, après la guerre et à la Alyat Hanoar, sur les routes, je m'asseyais et contemplais, m'entourant de visions et de sons, me reliant à ma vie antérieure, heureux de ne pas être un parmi des milliers, privé de visage.

À l'armée, cette expérience de la clandestinité me fut ôtée. Je n'avais pas une heure à moi. Pour surmonter cette détresse, j'appris à observer même lorsque je me trouvais dans une foule bruyante, non par une contemplation qui éveille l'âme, une contemplation joyeuse qui ouvre l'esprit, mais par une observation concrète : qui est bon ? qui est méchant ? qui est égoïste ? qui est généreux ?

À l'armée, je découvris combien l'expérience de mon enfance dans le ghetto et les camps était ancrée en moi. À la Alyat Hanoar, le slogan écrit et non écrit était : Oublie, prends racine, parle hébreu, améliore ton apparence, cultive ta virilité. Ces sentences valaient de manière explicite et implicite. Celui qui les avait intégrées, adoptées, et qui vivait en s'y conformant avait plus de facilités à l'armée. Mais que faire si, dans mon cas, c'est justement à l'armée que refaisaient surface les visions du ghetto et des camps ? Je me trouvais de nouveau enfermé et menacé. J'étais jaloux de mes camarades qui venaient comme moi des camps, mais chez qui la mémoire était comme anéantie. Eux, si l'on peut dire, étaient libérés du passé et ancrés dans cette nouvelle réalité, prenaient plaisir à la nourriture, au soleil, aux entraînements de jour et de nuit. Chez moi, comme un fait exprès, le temps du ghetto et des camps devint plus palpable et plus proche. Si, à l'époque de la Alyat Hanoar, il me semblait parfois que le passé avait sombré en moi et s'était perdu, le temps de l'armée fit émerger des profondeurs des images que je n'avais pas vues depuis des années. À ma stupéfaction elles étaient claires, comme si elles dataient de la veille.

L'armée ne m'affaiblit pas. Au contraire, c'est là-bas que prit corps en moi le vieux désir de contempler. Dans l'état de contemplation, on recule à l'intérieur de soi, on baigne dans une musique intérieure. On se construit un abri, ou parfois on s'élève pour observer de loin. Je ne savais pas alors que la contemplation me préparait en secret au rôle que le destin m'avait choisi.

À cette époque, j'appris qu'un homme ne voit jamais que ce qu'on lui a déjà montré. Dans le ghetto et les camps, j'avais vu des gens dans tout leur égoïsme, leur bassesse, mais aussi leur générosité. Il est vrai que la bassesse était fréquente et la générosité rare, mais ce qui avait été conservé dans la mémoire était justement les instants les plus clairs et humains, où la victime sortait de son égoïsme étroit et se sacrifiait pour un ami. Ces instants rares ne faisaient pas qu'élever une lumière dans l'obscurité, ils ancraient en vous la foi en l'idée que l'homme n'est pas un insecte.

À l'armée, j'ai rencontré de nombreux soldats généreux qui m'ont tendu la main. J'avais perdu une gourde et devais être jugé pour perte de matériel : un soldat anonyme vint et m'en tendit une. Mon dernier sou était dépensé et je n'avais pas de quoi acheter un paquet de cigarettes : un autre m'avança un billet. À cette époque, je n'avais personne en Israël et ces justes cachés apparaissaient dans des moments où le désespoir était sur le point de me submerger.

J'ai réfléchi à cela. Chaque être qui a été sauvé pendant la guerre l'a été grâce à un homme qui, à l'heure d'un grand danger, lui a tendu la main. Nous n'avons pas vu Dieu dans les camps mais nous y avons vu des justes. La vieille légende juive qui dit que le monde repose sur une poignée de justes était vraie alors, comme elle l'est aujourd'hui.

Le temps passé à l'armée a compté pour moi, non parce qu'il m'a endurci ou inculqué de nouvelles valeurs, mais parce qu'il m'a mené aux sources de ma vie. Ma vie qui m'avait échappé pendant la guerre et dont le souvenir s'était de plus en plus dissous ressuscita précisément à l'armée. Là, il m'apparut clairement que le monde que j'avais laissé derrière moi – les parents, la maison, la rue et la ville – était vivant et présent en moi, et tout ce qui m'arrivait, ou m'arriverait à l'avenir, était relié au monde qui m'avait engendré. Dès lors que cela m'apparut, je n'étais plus un orphelin qui traînait sa condition mais un homme qui avait prise sur le monde.

22

Des démons, il y en a partout, mais il est des lieux où ils sont visibles. Lors d'une permission durant mon service militaire, un homme se jeta sur moi en prétendant qu'après la guerre je m'étais conduit avec malhonnêteté à son égard.

«Comment? essayai-je de me défendre. Lorsque la guerre a éclaté, j'avais sept ans, et lorsqu'elle s'est achevée j'en avais à peine treize.

— L'âge n'a aucune importance.

— De quoi m'accuses-tu?

— Je n'ai pas besoin de te le raconter, tu le sais très bien.

— Pourquoi ne pas me le dire?

— Cette fois c'est le voyou qui parlera, pas la victime, dit-il, très content de sa phrase.

— Ce n'est pas honnête.

— Tu cherches l'honnêteté? Toi?» dit-il en s'écartant.

Ce reproche étrange, en plein cœur de Netanya, fit bouillir mon sang mais je ne réagis pas. J'étais très seul cette année-là et ma solitude me dévorait. Les shabbats et les jours de fête, les soldats rentraient chez eux et je restais au camp. La chaleur et les exercices d'entraînement m'abrutissaient. Durant les permissions de nuit, je m'installais dans un café et suivais du regard les femmes qui passaient. Je ne connaissais personne dans cette ville et toutes mes demandes se heurtaient à des refus. Une femme me dit même: «Va donc au bordel au lieu de te jeter sur les passantes.»

La chaleur et les entraînements épuisants ne laissaient pas de place aux pensées, juste aux peurs sourdes. Je m'asseyais au bistrot, buvais deux verres de limonade et un café, faisais un tour près de la plage et rentrais au camp. Ma solitude se lisait apparemment dans ma démarche. Les gens s'écartaient de moi, hormis cet homme qui ne cessait de me harceler. Ma colère envers lui était grande et je craignais qu'elle ne me poussât à le frapper.

Une fois je lui dis: «Va-t'en. Si tu ne pars pas, je vais te frapper.

– Je n'ai pas peur», dit-il, et il était manifeste qu'il en était ainsi.

À la question que je répétais, «Mais de quelle malhonnêteté s'agit-il?», il ne répondait pas. J'avais remarqué ceci: il était originaire de ma région et parlait allemand comme on le parlait chez moi.

«Quand cela s'est-il passé, et où? essayai-je encore de savoir.

– Ce n'est pas à nous de le dire», fit-il en s'exprimant au pluriel.

Je l'ignorai et poursuivis mon chemin. Nous étions au plus fort des entraînements et, même les soirs où l'on nous permettait de sortir, je restais au camp tant j'étais fatigué.

Une nuit, tandis que je me promenais le long de la plage, il réitéra ses accusations. Je lui demandai de me laisser tranquille, mais son entêtement ou sa stupidité étaient si grands qu'il ne bougea pas d'un pouce. Je m'approchai de lui afin de le faire fuir. Il recula de quelques pas. Je pouvais sentir sa maigreur et sa petite taille. Je me retins et ne lui fis pas de mal, mais il continuait de m'importuner avec ses grommelle-ments; à bout de patience je le saisis à deux mains. Il était si léger, comme un ballot de paille. J'aurais pu le faire voler ou le pousser, mais je le fis asseoir en tailleur sur le sable. Il bat-tait l'air de ses bras et de ses jambes mais n'était pas prêt à se taire. J'aurais pu le piétiner avec mes chaussures militaires.

« Tais-toi! dis-je, fou de rage.

– Ma vie ne vaut rien, tu peux me tuer.

– Si elle ne valait rien, tu te tairais, rétorquai-je.

– Peut-être, mais cela n'enlève rien au mal que tu as fait. »

Je ne me souviens pas de ce que je lui répondis ni de ce qu'il ajouta. La pensée que même dans sa situation malheu-reuse il s'adressait à moi avec logique et ne se troublait pas me mit tellement en colère que je lui donnai un coup de pied. Le coup était rude et lui fit mal mais il n'éleva pas la voix et ne cria pas. Il ferma les yeux et serra les lèvres.

Je savais à présent que je n'en viendrais pas à bout par la force. Je me tournai vers lui: « Si tu cesses tes reproches, je te laisserai tranquille. Je n'ai pas envie de te torturer ou de te frapper. » Il ne répondit pas. Il était occupé à calmer sa dou-leur. Je le laissai et retournai au camp. Nous nous entraî-nâmes un mois entier loin dans les montagnes, sans per-mission de sortie. Nous ne réussîmes pas toutes les missions et nous fûmes sanctionnés plus d'une fois. La chaleur s'inten-sifiait de jour en jour et les pensées cohérentes se rétrécissaient d'autant. S'il n'y avait eu le cuisinier, un civil travaillant pour l'armée qui nous gâtait de bons petits plats, la vie dans les montagnes aurait été plus douloureuse encore.

Une nuit je me souvins qu'en Italie, en route vers Israël, j'avais vu une montre sur le sol d'une baraque et que, sans y penser, je l'avais ramassée et l'avais enfouie dans ma poche. Lorsque le propriétaire de la montre s'aperçut qu'elle avait disparu, il pleura comme un enfant et supplia qu'on lui rende l'objet, car c'était tout ce qui avait pu être sauvé de sa maison. Ceux qui le connaissaient essayèrent de le raisonner et de le consoler. Comme leurs paroles n'y faisaient rien, ils lui dirent: «Ce n'est pas bien de pleurer pour une montre, après la Shoah.»

L'autre ne cessa pas de pleurer. La nuit, ils ne purent se retenir de lui dire: «Tu es égoïste et méchant.» En entendant cette accusation, il se couvrit le visage des mains et, comme un enfant fatigué et déboussolé, il commença à battre l'air de ses jambes. À la vue de ses sursauts on l'ignora, comme s'il avait perdu la raison.

Moi, de frayeur, j'enterrai la montre dans le sable.

23

De 1952 à 1956, j'ai étudié à l'Université Hébraïque. Ce furent des années de course pour combler les lacunes de ma culture, pour trouver ma place dans le tourbillon social et culturel qui m'entourait, et principalement trouver ma propre voix. Ma scolarité s'était achevée au cours préparatoire. Pour obtenir le baccalauréat, il me fallait réussir un examen préliminaire qui portait sur des sujets étudiés à l'école élémentaire. Seul le succès à cet examen permettait de se présenter à l'examen principal. L'examen externe était exigeant: algèbre, trigonométrie, littérature, anglais, Bible, etc. En un an et demi, j'absorbai des programmes que l'on apprend et bachote pendant des années. Rien d'étonnant à ce que j'aie été recalé deux fois en mathématiques et en anglais.

Cet effort gigantesque m'épuisait et me dégoûtait des études. Je voulais retourner à la plantation dans laquelle j'avais travaillé deux ans, lorsque j'étais à la Alyat Hanoar, puis à Mikvé Israël. La plantation tranquille qui changeait d'apparence au fil des saisons m'apparaissait soudain comme une oasis bénie. J'avais aimé les heures de solitude, et le labour, le hersage, la lutte pour venir à bout des insectes nuisibles, le temps passé à observer le mûrissement des fruits, leur chute de l'arbre à l'automne, l'élagage en hiver.

Pourtant je ne retournai pas au travail de la terre. La décision n'était pas rationnelle. Ma mère, comme beaucoup de mères juives, avait souhaité me voir faire de brillantes études. Elle ne me dissimulait pas son désir et me rappelait à chaque occasion que j'étais tenu d'étudier. Quelques jours avant son assassinat, elle m'avait dit: «Tu seras instruit.» J'ignore ce qu'elle entendait par «instruit»: un penseur ou juste un homme lettré. Quoi qu'il en soit, j'avais son souhait à l'esprit lorsque j'optai pour les études.

Qu'étudie-t-on? J'avais dans l'idée d'apprendre l'agronomie; j'exprimais ainsi le désir de joindre l'étude théorique à la pratique, mais qu'y pouvais-je si ma maigre éducation fut de nouveau un obstacle? Certes, je me présentai aux examens sur les fondamentaux de chimie, de botanique et de zoologie, mais le peu que je savais était bien trop insuffisant pour envisager des études supérieures. De ma vie je n'étais jamais entré dans un laboratoire, je n'avais jamais regardé au microscope. L'homme qui me faisait passer l'entretien me conseilla, avec un certain dédain, de me tourner vers les sciences humaines.

Je m'inscrivis au département de yiddish. Pourquoi le yiddish? Ma langue maternelle était l'allemand, mais pendant la guerre et par la suite tout le monde parlait yiddish. C'est dans cette langue que bruissaient encore les souvenirs de la maison de mon grand-père, les visions de la guerre et ce qui m'appartenait en propre. C'était la réaction du faible qui n'a pas la force de se confronter au monde extérieur et qui se réfugie dans sa coquille. L'année 1952 n'annonçait aucun changement à l'égard de cette langue: elle symbolisait la diaspora, la faiblesse et le relâchement. Tout le monde la dénigrait, elle était devenue un objet de dérision et de sarcasme. Mais il y avait dans ce mépris quelque chose qui me la fit choisir. Sa condition d'orpheline résonnait avec mon statut d'orphelin.

Il s'avéra que l'instinct ne m'avait pas trompé. Au département de yiddish, je croisai peu d'élèves. En fait, il y en avait trois, qui se pressaient autour d'un petit homme aux yeux vifs: Dov Sadan. Dov Sadan était exactement le professeur dont j'avais besoin à cette époque: des manières agréables, l'esprit affûté, une perception aiguë de ses interlocuteurs.

Au début des années cinquante, Martin Buber, Gershom Scholem, Ernst Simon, Yehezkiel Kaufman, pour ne citer qu'eux, enseignaient à l'Université Hébraïque. Ils possédaient tous une culture juive et une culture générale étendues, tous les domaines de la pensée et de l'art leur étaient ouverts, ils maîtrisaient les langues anciennes et les langues modernes. Rien d'étonnant à ce que nous eussions l'impression de n'être rien d'autre que des sauterelles.

Comme tous ceux de ma génération qui étaient arrivés en Israël à l'adolescence, je ne savais pas relier mes expériences européennes à ma vie ici. Plus exactement, je ne savais comment ignorer mon passé. Le passé vivait en moi dans une sorte d'intensité éruptive et exigeait mon attention. Sous cet angle, l'université ne fut pas seulement la maison où j'acquis certaines connaissances mais l'endroit où s'élabora le début de ma conscience: le début du tracé qui reliait «d'où?» à «vers où?».

L'université est généralement un lieu froid, mais elle ne le fut pas pour moi. Il y avait Dov Sadan et les rapports chaleureux que nous entretenions. Tous mes professeurs étaient nés en dehors d'Israël et comme moi ils portaient en eux la douleur de deux patries. Leah Goldberg et Ludwig Strauss, pour en citer deux, évoquaient souvent la dichotomie due à la possession de deux langues, de deux terres. Ils étaient poètes et parlaient comme des poètes. C'est chez eux que j'ai appris à écouter le vers et le mot seuls, à essayer de comprendre que le son aussi a un sens.

L'Université Hébraïque des années cinquante était un étonnant mélange de professeurs qui avaient quitté l'Allemagne, ou qui étaient passés par l'Allemagne au cours de leurs pérégrinations, pour arriver en Israël, d'étudiants tout juste libérés d'un long service militaire, de rescapés de la Shoah, jeunes ou moins jeunes.

J'étudiais la littérature yiddish et la littérature hébraïque, mais j'étais de plus en plus attiré par la Kabbale et le hassidisme. Gershom Scholem dispensait ses cours comme un magicien et hypnotisait tout le monde. De Buber, on ne savait dire s'il était un professeur selon le modèle allemand ou s'il était un rabbin hassid. Tous deux cultivaient un cercle d'admirateurs. La langue de la Kabbale et celle du hassidisme me parlaient bien plus que la littérature de la Haskala*, et que bon nombre de textes de la littérature résurrectionnelle*. L'approche sociologique m'était étrangère. Dès mes débuts, j'avais senti que la littérature n'est pas le terreau adéquat pour l'étude sociologique. La vraie littérature traite du contact avec les secrets du destin et de l'âme, en d'autres mots: la sphère métaphysique.

Je luttais avec moi-même pour élaborer une expression. La langue que je parlais était déjà fluide, mais n'avait pas la bonne mélodie. La musique est l'âme de toute poésie et de toute prose. Je le savais, et cela me faisait mal. Durant toutes les années passées à l'université, j'ai écrit des poèmes. C'étaient les plaintes d'un animal abandonné qui cherche depuis des années le chemin vers la maison. Maman Maman, Papa Papa, où êtes-vous? Où vous cachez-vous? Pourquoi ne venez-vous pas me tirer de ma détresse? Ou bien: où est ma maison, et où sont ma rue et la parcelle de terre qui m'ont vu naître? C'était l'essentiel de mes plaintes. Sur les mots «solitude», «nostalgie», «chagrin» et «obscurité», j'entassais toutes les douleurs et les angoisses. J'étais sûr qu'ils étaient mes fidèles émissaires auprès de ceux qui les entendaient.

La prose me délivra de ce sentimentalisme. Par essence, la prose exige des accessoires concrets. La sensiblerie et les idées ne lui correspondent pas. Seules les idées et les émotions qui émanent du concret existent vraiment. Ces choses élémentaires et simples qu'un être apprend généralement peu à peu, moi, dont la culture était minimale, je les appris encore plus lentement. Au lieu de contempler le corps et ses mouvements, j'étais attiré par le brouillard et le rêve.

Comme tous ceux de ma génération à l'université, je lisais Kafka et Camus avec avidité. Ce furent mes premiers prophètes, desquels je souhaitais apprendre. Comme tout premier apprentissage de jeunesse, le mien fut extérieur. J'étais pris par la rêverie et le vague, sans voir que le brouillard de Kafka prenait corps grâce à des descriptions détaillées, palpables et précises qui lui ôtaient sa nébulosité et rendaient le mystère *normal,* pour reprendre la célèbre phrase de Max Kidoushin.

La littérature russe me sauva de la confusion du brouillard et des symboles. Des auteurs russes, j'ai appris que le brouillard et les symboles n'avaient pas de nécessité : la réalité, si elle est décrite de façon juste, produit d'elle-même les symboles, et, à vrai dire, tout objet dans une situation donnée devient symbolique.

Je vais bien trop vite. Longtemps je fus prisonnier de la magie de Kafka. Dans ma perception, il était beaucoup plus relié à la Kabbale ou au hassidisme que la littérature de la Haskala et des pans entiers de la littérature résurrectionnelle. C'est chez Agnon seul que je trouvai plus tard la véritable aspiration au mystère.

Mon rapport au yiddish était différent : à travers lui j'aspirais à renouer avec mes grands-parents et leur maison des Carpates. Au fond de moi je savais que si je renouais avec les grands-parents, avec la musique de leur langue, je ferais le lien avec les sources juives que j'avais apprises assidûment chez Gershom Scholem et Martin Buber.

Les années d'université furent des années de recherche d'un judaïsme authentique. Je ne me contentais pas de l'étude universitaire. Je passais de longues heures dans les petites synagogues de Méa Shearim et de Shaarei Hessed. J'aimais entendre le yiddish dans la bouche des tout petits, l'étude répétitive dans les heder, les prières des jours profanes et des jours de fête. Ce mystère palpable m'attirait, mais jamais dans un esprit de pénitence. Mon rapport fondamental au judaïsme était semblable à ceux de mes maîtres

Dov Sadan, Martin Buber, Gershom Scholem et Hugo Bergman. Leur rapport à la tradition juive était, pour simplifier, post-assimilationniste: il ne s'agissait plus d'un conflit entre les pères et les fils mais d'un rapport qui allait au-delà. Ni Buber ni Scholem n'étaient des mystiques traditionalistes, mais il y avait en eux une aspiration à la mystique. Hugo Bergman, un philosophe autodidacte, avait reçu le mystère juif de Buber et l'avait traduit dans sa propre langue. Dov Sadan était un Juif orthodoxe sans pour autant observer les six cent treize commandements.

Ces mêmes années, je me rapprochai d'Agnon et le vis régulièrement. Je l'avais rencontré pour la première fois en 1946, l'année de mon arrivée en Israël. Je travaillais dans l'exploitation agricole de Rahel Yanaït, et Agnon, qui habitait non loin de là, à Talpiot, y venait de temps à autre. Nous étions cinquante adolescents rescapés, de Pologne et de Roumanie. Agnon assaillait parfois un enfant de questions sur sa ville natale, sur ce qu'il avait vécu pendant la guerre. Lorsque je lui confiai que j'étais né à Czernowitz, il s'en réjouit. Il connaissait ma ville à merveille et il commença aussitôt à énumérer des noms de gens et d'institutions. Je ne comprenais pas de quoi il parlait. Son visage et ses intonations ne m'étaient pas étrangers. Il ressemblait à mon oncle Mark, dont je me souvenais confusément. Je fus étonné lorsqu'on m'apprit qu'il était écrivain. Il n'y avait pas dans son apparence de signes qui témoignaient de sa qualité d'artiste: ni chevelure abondante, ni cravate coquette. Il donnait l'impression d'être un homme qui avait tout son temps.

Je découvris son écriture des années plus tard et je me

sentis aussitôt une proximité avec elle. Les noms des gens, des villes et des villages de mon enfance, dont j'avais confusément gardé le souvenir, m'emplissaient d'émotion, puisque ma terre natale, la Bucovine, et la Galicie d'Agnon ne faisaient qu'un jusqu'à la Première Guerre mondiale, au terme de laquelle elles furent séparées. Mon père évoquait avec nostalgie Lemberg, Brod et Buczacz, où il s'était rendu dans sa jeunesse.

Avec le temps, lorsque je lus *À la fleur de l'âge*, *Tehila* et *Au cœur des jours*, je sus qu'Agnon me racontait la légende de la vie de mes parents, et des parents de mes parents. Je me souvenais un peu de la tranquillité et de la sérénité datant de l'Empire austro-hongrois qui étaient demeurées dans les villages et les petites bourgades où nous nous rendions en été, et je compris de quoi il parlait.

Pour mes premières tentatives d'écriture en prose, je n'empruntai pas le chemin d'Agnon. Au contraire, je m'efforçais de me couper du passé et de m'enraciner dans la nouvelle réalité. Dans mes premiers bégaiements, j'étais un paysan labourant les montagnes de Judée, membre d'un kibboutz, combattant du Palmach* et vigneron. Tout, mais surtout pas moi. Dans ces années-là, il me semblait que je n'avais pas de biographie propre et qu'il m'incombait de la fabriquer, ou plus exactement de l'inventer. Dans cette étrange fiction, je blâmais tous ceux qui s'accrochaient à leurs souvenirs et qui restaient plongés dans le passé malade. J'étais un enfant de paysan, et pas un petit réfugié qui avait erré de pays en pays pour finalement être envoyé sur le rivage d'Atlit. Yizhar, Shamir et Gouri me tenaient lieu d'exemples.

C'était une littérature jeune et optimiste qui correspondait bien à mes désirs secrets de changer, de m'oublier pour être un garçon d'ici.

Des années passèrent avant que je parvienne à moi-même et à l'œuvre d'Agnon. J'étais prêt alors à accepter ma propre histoire. La réconciliation, comme toute réconciliation, impliquait des souffrances.

La majeure partie des gens de ma génération en décidèrent autrement. Ils s'employèrent avec force à refouler leur passé et à l'annihiler. Je ne le leur reproche pas. Je les comprends jusqu'aux profondeurs de mon âme. Moi, quoi qu'il en soit, je ne parvenais pas à me fondre dans la réalité israélienne. J'allais ou, si vous préférez, je revenais à moi-même.

À cet égard, et à bien d'autres, Agnon fut pour moi un exemple et un modèle. De lui j'appris qu'un homme pouvait emporter sa ville natale partout et y vivre pleinement. Une ville natale n'est pas assujettie à la géographie statique. Plus encore: on peut élargir ses limites ou l'élever vers les hauteurs. Agnon peuplait sa ville de tout ce que le peuple juif avait produit depuis deux cents ans. Comme chez tout écrivain d'envergure, ses livres ne parlaient pas de sa ville sur le mode du souvenir. Il ne s'agissait pas de ce qu'elle avait été mais de ce qu'il était digne qu'elle fût. Il m'apprit encore ceci: le passé, même le plus dur, n'est pas une tare ou une honte mais une source de vie. Agnon, contrairement à bon nombre dans sa génération, n'était pas en conflit avec ses pères. Sa rébellion d'adolescent avait été brève. Je considère comme irrecevable l'affirmation souvent rapportée selon laquelle Agnon avait un rapport ambivalent à la tradition de

ses pères. Certes, il n'aimait pas l'institutionnalisme religieux, la fossilisation, la routine et l'orgueil qui accompagnent parfois la pratique religieuse, mais il aimait passionnément la foi ancestrale cachée dans la bibliothèque juive.
Toutes ces années, il étudia avec l'assiduité d'un savant
pieux. Il est vrai qu'il y avait en lui une dose d'ironie et de
raillerie pour les êtres gonflés d'importance, pour des
manières de vivre insipides et hypocrites, mais l'essentiel, le
meilleur de lui-même, ce sont les œuvres où il délaisse la
satire et l'ironie pour ne faire qu'un avec ses pères, comme
dans *Tehila, Au cœur des jours* et bien d'autres.

Dov Sadan, Scholem et Buber étaient très proches
d'Agnon et je les rencontrais parfois au café, dans la rue ou à
l'université. D'eux tous, Agnon était le plus divertissant. Il
racontait des plaisanteries, des souvenirs et des anecdotes sur
des gens du passé et des notables de l'époque. Il aimait particulièrement tourner en dérision les gens importants et autres
professeurs qui se considéraient comme des hommes de
pensée.

Le dénominateur commun de ce groupe, si l'on peut géné-
raliser ainsi, était le rapport post-assimilationniste au judaïsme.
Le conflit avec les pères et la foi était derrière eux. Ils étaient
imprégnés du sujet juif. Agnon collectionnait jusqu'à l'obsession des livres juifs anciens, des fascicules de commentaires,
des registres. Je m'épuisais les jambes pendant des heures
avec lui, de magasin en magasin, parfois pour un fascicule
hassidique dont il avait entendu dire qu'il avait été réim-
primé. Il tentait l'impossible: relier le judaïsme au monde
moderne.

Pour ce groupe, le sionisme était une forme de retour au judaïsme, mais ce retour n'était ni orthodoxe ni formel. Gershom Scholem se définissait comme un anarchiste religieux. Cette définition sied également à son maître, Martin Buber. Chacun à sa manière avait un lien chaleureux et empathique avec la tradition juive. Buber et Scholem souhaitaient ressusciter des textes kabbalistiques et hassidiques, prouver leur nécessité absolue et leur adéquation à notre génération. Yehezkiel Kaufman voulait sauver la Bible de la critique chrétienne et Yitzhak Bar avait pour ambition de démontrer la continuité juive depuis le Second Temple. Dov Sadan présentait la littérature hébraïque en termes dialectiques comme une littérature dans laquelle s'agitaient quatre courants: le hassidisme, le mouvement contre-hassidique, la Haskala et la modernité.

Comparé au monde d'où je venais, celui d'Agnon semblait paisible et ordonné. Je venais d'un monde apocalyptique qui exigeait de moi une autre langue et un rythme différent. Dans l'univers d'Agnon, malgré la destruction et le deuil résultant de la Première Guerre mondiale, subsistaient des vestiges de structure sociale et, plus important que tout, un monde juif qui se renouvelait sur la terre d'Israël.

Et pourtant Agnon fut pour moi un guide. Je sentais qu'il traitait de l'entité juive, de ses éternelles migrations et errances, de sa loi révélée et obvie. Si l'on part du principe qu'un écrivain est la mémoire collective de la tribu, alors Agnon incarne cela.

Les années dans la maison de mon enfance et les années de guerre formèrent mon système de réflexes et de sensations.

Les années d'université m'apportèrent mes outils critiques et mes outils d'expression. La chance me sourit en plaçant sur ma route des maîtres qui devinrent des guides, et que je continuai à voir après avoir terminé mes études. Ils connaissaient mes douleurs d'écriture mais ils ne me cachèrent jamais la vérité. Leurs critiques ne m'étaient pas faciles à accepter. Plus tard, lorsque parut mon court roman *Comme la pupille de l'œil*, Gershom Scholem serra mes mains entre les siennes et dit: «Appelfeld, tu es un écrivain.»

24

Les érudits, comme les démons, grouillent en tous lieux. Lorsque j'ai commencé à écrire, on m'attendait au tournant. On me renvoyait les manuscrits que j'adressais aux journaux accompagnés de remarques venimeuses. Des éditeurs me faisaient venir au prétexte d'une conversation pour me démontrer d'un ton paternel que je n'avais aucun don, et m'enjoindre de cesser d'écrire. Ils mettaient un point d'honneur à me faire reconnaître mes limites, afin de me débarrasser à jamais de mes illusions.

Il était facile d'ébranler mon peu d'assurance. Certains allaient plus loin et prétendaient que j'écrivais sur un sujet interdit. Sur la Shoah, il faut témoigner et non pas écrire à partir de réflexions personnelles. Ils s'appuyaient sur l'opinion des «grands» et «bons» penseurs. Plus tard, lorsque mon écriture s'améliora un peu, ils affirmèrent: «Mais tu es influencé par Kafka et Agnon, tu n'as pas ton propre style.»

Le plus sévère était mon ami D., fils du professeur D., un homme jeune à la culture étendue, d'une grande érudition littéraire et maîtrisant de nombreuses langues. Il me dépassait d'une tête, rien d'étonnant donc à ce qu'il me parlât de haut. Je voyais dans ce regard une marque d'arrogance, et je ne me trompais pas. Pourtant, je lui montrai mes premiers manuscrits. Je pensais naïvement qu'un homme doté d'une grande culture serait bienveillant à mon égard, pointerait des défauts que l'on pouvait corriger, et que peut-être il me montrerait la voie à suivre. Il avait quatre ans de plus que moi et était considéré à l'université comme un génie. Ses connaissances, la pureté de sa langue en fascinaient plus d'un, dont moi, semble-t-il. Il avait des idées très arrêtées dans le domaine des sciences humaines.

Bien que modérées, ses remarques sur mes nouvelles furent très douloureuses, puisqu'elles me signifiaient que je m'amusais d'un sujet dont il était interdit de s'amuser. Cela ne fut pas dit explicitement mais à mots couverts. Ce discours à peine murmuré attestait de nouveau ce que je ne cessais de pressentir : je ramais vers l'impossible. S'il avait dit les choses en quelques phrases, même négatives, cela m'eût été plus facile, or il énonça plutôt des considérations générales, des phrases inachevées, destinées à adoucir autant que possible la blessure qui m'était faite. Ses propos accentuaient ce que je ne cessais de penser : il y avait une inadéquation entre ce que je voulais dire et ce qui était dit. D., qui était connu pour la pureté de sa langue, s'adressait à moi la plupart du temps dans un phrasé inachevé, employant toutes sortes de mots hermétiques qui allaient mal avec son caractère décidé. J'avais remarqué que ses paroles étaient toujours accompagnées d'un petit sourire. Ce sourire était plus dur que ses paroles, il dévoilait ses pensées : Tu perds ton temps.

J'avais d'autres amis qui, durant ces années, ne demandaient qu'à m'écouter et à m'aider. Ils faisaient si peu de cas d'eux-mêmes que je ressentais à peine leur présence. Ils me murmuraient toujours le mot juste, fécond, le mot qui prenait racine et déclenchait la floraison. Lorsque j'étais au bord du gouffre, leur main se tendait vers moi et dans leur bouche il y avait un mot. Ils ne me jaugeaient jamais, n'essayaient pas de m'apprendre quoi que ce fût et ne me contredisaient pas. Ils connaissaient mes faiblesses – seul un aveugle serait passé à côté –, mais ils savaient également les nombreux efforts dont j'investissais l'écriture. Ils croyaient en moi et me faisaient confiance. Ces amis anonymes furent les maîtres qui me permirent de m'exprimer. Je n'ai pas toujours su apprendre d'eux, je n'ai pas toujours su qu'ils étaient mes maîtres. Plus d'une fois je les ai ignorés, car j'avais l'impression qu'ils ne me comprenaient pas. Comme un fait exprès, je me plaçais sous l'autorité des érudits, des prestidigitateurs de la langue. Ils me semblaient singulièrement plus importants que mes amis qui n'étudiaient pas à l'université. J'avais le sentiment que, si je me liais aux érudits, ils me conduiraient au Temple de la littérature. J'étais persuadé que, dans la mesure où je recevais leur approbation, mon chemin serait jonché de roses. Avec le temps j'appris qu'ils n'étaient pas capables d'être des amis. Ils étaient trop occupés d'eux-mêmes, de leur apparence, du polissage de leurs paroles, pour donner quelque chose à leur prochain. Ils s'appuieraient toujours sur les grands et les bons, et de cette hauteur imaginaire ils jetteraient toujours sur les autres un regard stérilisant.

À présent, alors que j'essaie de me souvenir de ce qu'avait dit D., rien ne me vient hormis un flux de murmures et de mots, rien que des abstractions, aucune image. Le destin des abstractions est de s'accrocher à vous un instant puis de disparaître. Seuls les mots qui sont des images demeurent. Le reste est un brin de paille. Pourtant il me fallut des années pour me libérer des érudits, de leur tutelle, de leur sourire supérieur, et revenir à mes amis fidèles qui savaient qu'un homme n'est rien d'autre qu'une pelote de faiblesses et de peurs. Il ne faut pas en rajouter. S'ils ont le mot juste, ils vous le tendent comme une tranche de pain en temps de guerre, et s'ils ne l'ont pas, ils restent assis près de vous et se taisent.

25

Lorsque parut mon premier livre, *Fumée*, le poète Ouri Zvi Grinberg m'invita chez lui. Il s'attendait manifestement à voir quelqu'un de différent car il s'étonna :

«Tu es *vraiment* Appelfeld?

— Eh oui, c'est moi...

— Bon. Passons.»

Il ne me demanda pas d'où je venais, qui avaient été mes parents, ce que j'avais fait pendant la guerre ni ce que je faisais à présent. Il eut quelques mots élogieux pour mon livre. Je sentis tout de suite que c'était un éloge nuancé. Il définit mon écriture comme une «parole maîtrisée» et se moqua du terme «écriture retenue» dont les critiques l'avaient affublée. «Que veut dire "retenu"? railla-t-il. Si tu as quelque chose à dire, dis-le, et dis-le en long et en large, et si tu n'as rien à dire, alors tais-toi.»

En ce qui concerne la parole maîtrisée, il m'expliqua que les Nations du monde se préoccupaient de l'art pour l'art et qu'elles étaient parvenues à des résultats dans ce domaine. Ce don ne nous avait pas été fait à nous les Juifs. Au mieux nous ne ferions que les imiter. Nous avions reçu la révélation et la prophétie, et si nous parvenions à nous relier à elles, nous pourrions créer quelque chose de vrai. Un peuple tel que le nôtre, disait-il, ne peut se permettre les batifolages descriptifs et les nuances des sentiments. Nous sommes reliés depuis des générations au Dieu d'Israël et à Sa Loi, c'est cela qui doit nous nourrir. Seuls les fils qui ont oublié qui ils étaient, qui étaient leurs pères, s'égarent dans des champs étrangers. Après la Shoah, qui fut pire que tout, il est interdit de s'égarer. N'avons-nous pas vu ce qu'était la culture européenne, quels fantômes grouillaient dans ses bas-fonds? Et maintenant nous les imiterions et nous écririons selon un rythme iambique, nous scruterions les moindres détails du mouvement d'untel ou d'untel? Le grand Tolstoï avait compris à la fin de sa vie que l'art européen avait fait faillite mais il n'avait nulle part où aller. Il possédait un évangile desséché. Cette maigre pitance le nourrit pour le restant de ses jours mais nous, nous possédions les trésors de la Torah: deux Talmud, des commentaires, Maïmonide et le Zohar. Quelle autre nation au monde avait en sa possession un tel trésor? Depuis la nuit des temps nous étions en fuite, nous fuyions notre rôle en ce monde, nous nous cachions dans les jardins publics de New York ou Paris, comme s'ils avaient eu le pouvoir de remplir notre âme de ce dont elle avait été vidée. Un art d'où était absente la foi ancestrale ne nous sauverait pas. Un Erets-Israël d'où était absente une grande foi ne nous sauverait pas. Nous devions brûler tous les veaux, les veaux d'or et les veaux d'esprit, revenir vers nos pères, sans eux nous n'avions pas d'existence dans le monde. Sans eux nous étions de vulgaires copistes, des taupes, rien.

Je savais que ces paroles critiques ne visaient pas uniquement mon petit livre, mais la réalité intellectuelle du pays dans son ensemble. Ses réserves m'étaient déjà apparues dans sa poésie et ses manifestes, et pourtant il me sembla que, cette fois, le reproche s'adressait à moi seul. Comme si j'incarnais la dureté et la fermeture du cœur, et qu'en lieu et place d'une relation avec les pères et leur foi je concentrais mes efforts sur «les batifolages descriptifs et les nuances des sentiments», à la manière d'un Tchekhov ou d'un Maupassant. Mon chemin était erroné mais, comme je ne me trouvais qu'à son commencement, mieux valait me mettre tout de suite en garde. Il parlait tantôt d'une voix douce, tantôt d'une voix forte, comme s'il souhaitait par là faire pénétrer ses pensées dans mon cœur insensible.

Je n'avais jamais aimé le pathos et les grands mots. J'aimais et j'aime encore contempler. La supériorité de la contemplation tient au fait qu'elle est dénuée de mots. Le silence des objets et des paysages vient à vous sans rien imposer. De nature, je ne suis pas enclin à exiger quoi que ce soit des gens. Je les prends comme ils sont. Parfois la faiblesse ne m'émeut pas moins qu'un acte de générosité. Plus encore: la révélation et la prophétie dont avait parlé Ouri Zvi Grinberg m'étaient toujours apparues comme une majestueuse splendeur antique dans laquelle on ne pouvait plus s'envelopper de nos jours. Mais, miraculeusement, l'homme qui me parlait ce soir-là avait touché quelque fibre enfouie en moi. Un instant il me sembla qu'il avait mis à nu ma honte. Ni la maison de mes parents, ni la guerre, ni la Alyat Hanoar, ni l'armée, ni même l'université ne m'avaient relié à mes pères et aux sources de leur foi. Il existait sans aucun doute une grande foi juive, mais je ne connaissais pas les chemins qu'elle empruntait.

Il n'est pas difficile de mettre à nu la honte d'un homme, d'insinuer en lui l'autocritique et la perplexité, et c'est ce que fit ce soir-là Ouri Zvi Grinberg. Cela me fit mal et me mit en colère, mais au-delà de ces réactions je sentais l'immense énergie qui bouillait en lui, non pas une énergie qui renforçait le «je» mais une énergie collective, qui s'était condensée dans un homme et me disait: «L'individu, avec toute l'importance qui est la sienne, n'est pas le reflet du collectif Le collectif le précède car c'est lui qui a forgé la langue, la culture et la foi. Si l'individu offre ses services au collectif, il l'élève et s'élève à travers lui. Un créateur qui n'a pas la capacité de faire ainsi ne sera pas inclus dans la mémoire de la nation.» S'il avait parlé à voix basse, j'en aurais peut-être perçu plus, mais sa voix qui allait en s'amplifiant brouillait ma perception et je n'entendis plus que des sons discordants.

Comme Agnon était différent de lui... Lui aussi était fidèle à la foi des ancêtres, mais son discours était posé, sagace. Ouri Zvi Grinberg souhaitait agir dans la tempête, Agnon dans le silence. J'ai bien connu Agnon. Je n'ai jamais entendu de sa part une critique directe de mon écriture. Il avait toujours des remarques ambiguës, semi-ironiques, souvent vexantes. Ouri Zvi Grinberg me parla ce soir-là le cœur bouillant, comme un père s'adresse à son fils. Ses propos n'étaient pas mesurés, ni rationnels, mais vrais.

Ce fut ma seule rencontre avec lui, je ne le vis plus en privé. Je le croisais quelquefois dans la rue, passant comme un ouragan ou discutant passionnément avec des gens. Je pris mes distances et ne recherchai pas sa compagnie. Ses exigences n'étaient pas celles que j'avais à l'égard de moi-même, mais je n'avais pas tout à fait disparu pour lui. Plus d'une fois il s'enquit de mon sort auprès d'amis communs. Et plus d'une fois il exprima clairement un désir: «Ne sombre pas dans la petitesse, fais entendre ta voix haut et fort. Des grands malheurs, il ne faut pas parler en murmurant.» Je savais qu'il s'inquiétait sincèrement pour moi, et pourtant je n'allai pas le voir. Sa mort me fut annoncée alors que j'étais à l'étranger.

26

Quelques mois avant la mort d'Agnon, je passai près de sa maison à Talpiot. Une fenêtre était ouverte, de la musique s'en échappait. Je sentis quelque chose d'inhabituel. Je passai et repassai devant la fenêtre sans oser frapper à la porte. Finalement je pris mon courage à deux mains et me lançai. Agnon ouvrit et se réjouit de me voir. Il s'avéra qu'il avait écouté les informations et s'était endormi dans son fauteuil. «Ce n'est pas bien de laisser la radio allumée. Je suis content que tu m'aies réveillé», s'excusa-t-il. Il alla aussitôt me préparer un café.

J'aimais l'écriture d'Agnon depuis que je l'avais découverte. Il fut mon guide au milieu de la grande confusion dans laquelle j'étais plongé au début de ma route. La rencontre avec l'écrivain fut plus complexe: un homme imprégné d'ironie, une ironie si fine qu'elle en devenait parfois imperceptible pour l'interlocuteur. Agnon était entouré d'une foule d'admirateurs, parmi lesquels bon nombre de professeurs et d'inconditionnels imbéciles. Rien d'étonnant à ce qu'il se protégeât par l'ironie. Le malheur est que cette rhétorique s'élabora chez lui au fil du temps au point de devenir une seconde nature. Il ne pouvait plus s'en passer.

Lorsque je commençai à écrire, dans les années cinquante, il était considéré comme le plus grand écrivain du pays. Tout le monde le couvrait de louanges. La critique se penchait sur les aspects les plus importants et les plus insignifiants de son œuvre. Puis, comme il arrive souvent, on cessa presque de le lire. Le savait-il ? En était-il conscient ? Difficile d'en juger. Il était empêtré en lui-même, ne parlait la plupart du temps que de lui, il avait toujours quelque récrimination envers ceux qui lui avaient barré la route, ne l'estimaient pas, le harcelaient de lettres, abondaient dans le sens de la rue ou disaient du mal de ses livres. Il y avait en lui, sans aucun doute, des vertus exceptionnelles, un grand discernement à l'égard des êtres et des situations, mais il les manifestait peu. L'égoïsme, lui, était bel et bien visible.

Ce soir-là j'avais en face de moi un Agnon différent, comme sorti de sa cachette. Contrairement à son habitude, il ne parla pas mais questionna, avec attention, comme s'il me rencontrait pour la première fois et tentait de résoudre une énigme. Je lui racontai ce qui m'était arrivé pendant la guerre, sans entrer dans les détails, car je savais que son attention serait de courte durée, mais ce soir-là il devait avoir envie d'en entendre plus, il me questionna sans relâche. Finalement il dit : « Tu as vu tant de choses dans ton enfance ; cela doit bien remplir trois livres. » Puis il dit quelque chose à quoi je ne m'attendais pas : « Moi, finalement, je n'ai pas poussé dans la fange de la vie, ni dans la poussière des routes. Toute ma vie j'ai pris la poussière entre les livres, ou j'ai écrit. Si j'avais été un forgeron dans son atelier, un paysan travaillant la terre ou un artisan relié aux objets et aux choses,

j'aurais été un écrivain différent.» Je sentis qu'il parlait sincèrement. Cela fait des années que l'on parle du symbolisme
dans l'écriture d'Agnon et il s'avère qu'Agnon lui-même,
comme tout vrai écrivain, préférait le concret au symbolique.

À plusieurs reprises ce soir-là, il me demanda ce que j'avais
fait seul dans les bois, ce que j'avais mangé, comment je
m'étais couvert la nuit. Lorsque je lui parlai des Ukrainiens
chez qui j'avais travaillé, il me demanda de lui répéter ce
qu'ils me disaient, en reprenant leurs propres mots. De son
côté il me parla longuement de sa ville natale, de ses érudits
et de ses rabbins, et de Jacob Frank le maudit, qui avait
infiltré son venin dans bien des âmes.

C'était Agnon débarrassé de lui-même. Ce soir-là il voulut
me raconter ce que ne m'avaient pas dit mes parents, ce que
je n'avais pu entendre à cause de la guerre, comme s'il me
disait: «Tout écrivain doit avoir sa ville, son fleuve, ses rues.
Tu as été exilé de ta ville et des villages de tes ancêtres; au lieu
de puiser un enseignement en eux, tu as puisé dans les
forêts.» Il me révéla bon nombre de détails inconnus de moi
sur ma ville, comme s'il souhaitait m'équiper pour longtemps. L'ironie avait disparu de sa voix, remplacée par la nostalgie. J'aimai cette voix, elle me rappelait celle d'*À la fleur de
l'âge*.

Ce soir-là, se tenait devant moi un vieil homme accablé
par sa vieillesse, qui savait que les honneurs et les belles
paroles qu'on avait répandus sur lui n'étaient que des fétus de
paille, et que ce qui survivrait au temps était cette même voix
dénuée d'ambiguïté, de sophistication ou d'ironie, la voix
qu'il avait héritée de ses pères, celle d'*À la fleur de l'âge*,

Tehila et *L'Hôte de passage*. Cette voix était la vraie voix. Les déguisements, les élaborations savantes n'étaient rien d'autre, finalement, qu'un vêtement nécessaire peut-être au plaisir de l'oreille, mais ce n'était pas l'essentiel. Ce soir-là il me parla sur le ton mélodieux de ses pères, le même que celui de mes grands-parents, là-bas dans les Carpates, ou du moins ce qu'il m'en restait. Il me parlait simplement et me raconta que, dans sa jeunesse, il s'efforçait chaque matin de compulser un livre saint pour en faire surgir la mélodie et la sainteté. Il n'y réussissait pas toujours. Parfois les livres semaient le trouble en lui. Il me conseilla d'étudier les livres de Rabbi Nachman, et pas seulement ses histoires, qui étaient à la mode, mais le *Likoutei Moharan*, un livre rempli de secrets célestes et humains. Tandis qu'il me parlait, une lumière éclairait son front, et je vis qu'il ne s'agissait pas de l'Agnon d'hier ou d'avant-hier, mais d'un Agnon relié aux Carpates qu'avaient sillonnées le Baal Chem Tov et ses disciples, sa terre et ma terre, et il lui était important ce soir-là que je sache d'où je venais et où je devais aller.

Ensuite il me parla de son livre *Des jours terribles* auquel il avait travaillé de longues années afin que les Juifs puissent avoir entre les mains un livre pour la période de Rosh Hashanah à Kippour, mais malheureusement il n'avait plu ni aux critiques ni au public et était resté orphelin.

Il se faisait déjà tard et je fis mine de m'en aller. Agnon me retint et dit: «Assieds-toi, pourquoi se dépêcher ainsi?» Je sentis que la solitude lui pesait et qu'il avait du mal dans ce face-à-face avec lui-même. Il me confia aussi qu'il pensait souvent ces derniers mois à son père et à sa mère. S'il en était encore capable, il parlerait d'eux à nouveau d'une façon totalement différente. Il y avait plusieurs défauts qu'il souhaitait corriger, mais cela nécessitait des forces qu'il n'avait plus désormais. Naguère il se tenait debout devant son pupitre et écrivait de longues heures, mais à présent l'écriture lui était devenue pénible. C'est ainsi que je me séparai de lui. Mon cœur me disait que je ne le verrais plus, et il disait juste.

27

Pendant la guerre du Kippour, j'étais maître de conférences détaché auprès du département militaire de l'éducation. Nous étions en poste près du Canal. Cette guerre soudaine avait fait ressurgir en moi, et pas seulement en moi, les craintes de la Seconde Guerre mondiale. Le sujet flottait et remontait à la surface à chaque rencontre. Les jeunes soldats s'intéressaient aux moindres détails, comme s'ils essayaient de se rapprocher de ces années mystérieuses. Les questions n'étaient pas idéologiques, comme auparavant, ni irritantes de supériorité, mais s'intéressaient aux faits, avec une bonne mesure d'empathie.

Les enfants de rescapés étaient particulièrement intéressés. Leurs parents ne leur avaient rien raconté, ou très peu. Certes, on enseignait le sujet à l'école, mais toujours de façon générale ou effrayante: avec des films sur Auschwitz.

Un long temps dans le désert s'offrait à nous, on pouvait s'asseoir et discuter de ces sujets complexes, entre autres de la complexité du lien entre la victime et l'assassin, de la foi qu'avait élaborée l'intellectuel juif d'avant-guerre. Que disait cette foi? Le monde progresse, en bien. Si le Juif sort de son monde étroit, contribue au mouvement de la société, en est partie prenante, il sera accueilli à bras ouverts. Le progrès dispersera les vapeurs du poison.

Peu de temps auparavant on dérangeait les rescapés (pour ne pas dire qu'on les agaçait) avec toutes sortes de questions stériles : pourquoi ne vous êtes-vous pas révoltés et pourquoi avez-vous été conduits comme du bétail à l'abattoir ? On faisait venir dans les écoles et dans les cellules des mouvements de jeunesse des rescapés-témoins qu'on accablait de telles questions. Les rescapés se tenaient comme des accusés et essayaient de se défendre sans y parvenir. Les jeunes les brutalisaient avec des citations glanées dans la presse ou les livres, et souvent les rescapés repartaient en se sentant coupables.

À présent c'était différent. Le temps avait fait son œuvre, les positions idéologiques battaient de l'aile ou avaient disparu, d'autres vérités s'étaient infiltrées dans la conscience collective, et les soldats n'étaient plus des individus abreuvés de certitudes et d'orgueil, mais des jeunes gens qui savaient que la vie offre parfois des surprises difficiles, comme cette guerre, et qu'on ne pouvait juger facilement, pour ne pas dire avec légèreté, les êtres humains.

Si j'avais eu des textes à ma disposition, nous aurions sans doute étudié méthodiquement. Il est difficile de cerner un sujet aussi complexe sans s'appuyer sur des textes. Je décidai de leur parler de moi. Ce n'est pas facile de se mettre à nu devant un large public. Il est vrai qu'un écrivain se raconte toujours, mais l'écriture est un vêtement, on ne se tient pas nu, à découvert. Cette fois je n'avais pas le choix. Je savais que je ne pouvais pas discourir devant eux en usant des clichés généralement admis sur l'antisémitisme et la faiblesse juive.

Je commençai à leur raconter mes parents et ma ville. Mes parents, des Juifs éclairés, assimilés, se considéraient comme faisant partie intégrante de l'intelligentsia européenne. Ils s'intéressaient à la littérature, à la philosophie, à la psychologie, mais pas au judaïsme. Mon père était un industriel qui avait réussi, qui était intégré à la bourgeoisie; nous parlions allemand, nous chérissions cette langue, et même à la fin des années trente mes parents se nourrissaient encore d'illusions, voyant en Hitler un phénomène passager. Il y avait un nombre incalculable de signes qui annonçaient le pire. Chaque quotidien, chaque hebdomadaire dévoilait la vérité, mais nul ne pouvait s'imaginer que les choses se passeraient ainsi.

Une illusion. Auparavant on accusait les rescapés d'aveuglement, d'auto-illusion, mais à présent, sur les rives du Canal, le mot «illusion» revêtait un autre visage. Même un service de renseignement aussi bon que le nôtre n'avait pas prévu, avait fait illusion.

Une illusion différente.

Peut-être.

Pour moi il y avait là une double rencontre. Le désert vide et nu et les soldats assis autour de moi évoquaient subrepticement mes errances dans l'Europe d'après-guerre, et mes premières années en Israël. Depuis longtemps j'essayais de me rapprocher de ce paysage désertique qu'au fond de moi j'aimais, mais je n'osais écrire sur lui, ou plus exactement je ne le pouvais pas. Mon enfance, mes parents et mes grands-parents se trouvaient dans un autre décor. Je ne pouvais les arracher à la terre et à la faune qui étaient les leurs. Il est vrai que, quatre ans durant, j'avais été en contact avec la terre, j'avais fait pousser des arbres et les avais aimés, pourtant cette barrière entre le paysage d'adoption et moi était demeurée. Mais à présent, dans les dunes de sable, à des centaines de kilomètres des premières maisons, nous nous sentions tous étrangers, essayant de comprendre non seulement ce qui s'était passé pendant la Shoah mais ce qui s'était passé ici. Nous avions pourtant souhaité être différents. Avions-nous vraiment changé ou étions-nous restés cette tribu étrange, incompréhensible pour elle-même et pour les autres? Je n'étais pas le seul à parler; les soldats aussi exprimaient leurs opinions. En particulier ceux dont les parents avaient vécu la Shoah. Ils étaient irrités par ces années où leurs parents leur avaient dissimulé leurs vies antérieures, les avaient détachés de leurs grands-parents et de la langue des grands-parents pour créer autour d'eux un monde fabriqué de toutes pièces, comme si rien ne s'était passé. J'essayais de me défendre et de défendre leurs parents. Les rescapés s'étaient trouvés face à des dilemmes difficiles, qui se résumaient à: continuer à vivre avec la Shoah ou tendre les mains vers une nouvelle vie – et c'était cette dernière option qu'ils avaient choisie. Ils n'avaient pas agi avec légèreté. Ils voulaient préserver leurs enfants du souvenir de la souffrance et de la honte, ils voulaient les élever dans un monde d'hommes libres, sans héritage sombre.

Il ne faut pas l'oublier: les rescapés n'étaient pas les seuls à vouloir refouler les épreuves endurées. Le monde extérieur aussi exigeait d'eux qu'ils se renient et renient les souvenirs qu'ils avaient emportés. Dans les années quarante et cinquante, les valeurs religieuses et les bonnes manières européennes étaient considérées comme contradictoires avec la vie en Israël. Le Juif pieux et le Juif assimilé étaient considérés comme des modèles négatifs.

En plein cœur du désert, nous avons parlé de la relation entre le tribalisme juif et l'universalisme juif. Était-il possible de les relier? Les soldats, la plupart âgés de vingt ans, étaient déjà spécialisés dans tel ou tel métier et leur vision du monde était laïque, mais l'idée que les racines de notre culture étaient dans le monde de la foi ne les avait pas quittés. Subrepticement, nous étions passés du général au particulier, nous discutions à deux ou trois. Je découvris que, parmi les soldats, se trouvait un jeune homme dont le père avait été déporté dans le même camp que moi. Les trois jours passés dans cette unité m'attachèrent non seulement aux jeunes soldats, mais aussi à ma propre vie, et, comme dans toute guerre, il flottait là un sentiment de destinée. Qui sait ce qui nous attend encore? Les voix des soldats devenaient légères et quelque peu joyeuses. Le cessez-le-feu touchait à sa fin, ils allaient rentrer chez eux. Il m'était difficile de quitter cette jeune unité qui portait sur ses épaules le destin d'un peuple qui n'était désiré ni en Europe ni ici. Le combat était certes différent ici, et pourtant l'antique malédiction nous poursuivait toujours.

28

J'ai rencontré Mordechaï il y a longtemps, lorsque j'enseignais dans un lycée du soir. Il tenait une petite épicerie en face de l'école. L'après-midi il fermait, préparait des sandwichs et du café, nous nous asseyions près de la fenêtre et jouions aux échecs. Les échecs étaient sa grande passion, tout ce qui était caché en lui s'y révélait: une pensée juste, mais dénuée de stratagèmes. Lorsqu'il perdait, une douce lumière de honte recouvrait son visage.

Il avait mon âge mais, étant donné sa calvitie, son travail à l'épicerie et le jeune âge auquel il s'était marié, il avait l'air d'avoir quarante ans. Cependant, dès qu'il baissait les stores et posait le plateau de jeu sur le canapé, il se métamorphosait et quelque chose d'enfantin animait son regard.

Le jeu durait la plupart du temps une heure et demie, parfois deux. Ce temps dans la pénombre près des stores tirés nous enivrait jusqu'à l'oubli de nous-mêmes, et pourtant je pouvais distinguer quelques-uns de ses mouvements, qu'il ne faisait pas en travaillant à son comptoir. J'avais remarqué en particulier l'inclinaison de sa tête. Comme si naguère il avait su prier. Parfois il fermait les yeux, comme s'il exigeait de ses pensées qu'elles se réduisent et se concentrent. Ses doigts étaient longs et fins, ils ne convenaient pas à son travail, et c'est pour cela qu'ils étaient la plupart du temps blessés ou bandés. Au plus fort du jeu, son regard avait une acuité merveilleuse. Comme la plupart des joueurs confirmés, c'était un homme renfermé, taciturne, mais son visage était expressif.

Ce n'est qu'après un an pendant lequel nous apprîmes à nous connaître qu'il me confia ceci : durant son enfance, de cinq à neuf ans, il avait vécu dans un monastère, un monastère sévère où les prières étaient obligatoires, y compris la nuit. Ses parents l'avaient confié aux moines en promettant de revenir le chercher au bout de quelques jours. Il les attendit plusieurs jours puis, comme ils ne venaient pas, il se mit à sangloter. Les moines lui intimèrent l'ordre de ne pas pleurer mais leurs mises en garde n'eurent aucun effet et ils l'enfermèrent dans une cellule. Il pleura jusqu'à l'épuisement puis cessa. Les moines ouvrirent alors la cellule et lui servirent un bol de lait chaud. Depuis, il n'avait plus jamais pleuré.

Mordechaï était un homme peu loquace, chaque parole lui coûtait de prodigieux efforts. Si je l'avais un peu plus pris en compte, j'aurais joué sans poser de questions. Il était manifeste que ces années-là étaient enfouies dans son corps.

Qui étaient ses parents ? Quelques années auparavant il les attendait encore. Il croyait qu'ils vivaient en Ouzbékistan. C'est un rescapé qui avait fait germer en lui cette illusion, en lui certifiant qu'il les avait vus dans un kolkhoze, là-bas. Cet espoir s'était également évanoui, et pourtant ce n'était pas un homme amer. Une certaine quiétude émanait de ses mouvements. Il parlait le moins possible, en allant au fait, sans hâte.

Une fois, il me raconta que le moine George lui avait dit qu'il n'y avait pas lieu d'avoir peur, dans un moment où une grande frayeur l'avait étreint. La peur n'est qu'imagination. C'est l'imagination qui crée les monstres. Il ne fallait avoir peur que du Père dans les cieux. Plus on s'en approchait avec ferveur, plus la peur s'amenuisait.

Cela t'a aidé? fus-je sur le point de lui demander. La plupart du temps j'évitais de poser des questions. J'avais le sentiment qu'une question le blesserait.

Une autre fois il me dit comme par inadvertance: «Ce n'est qu'une allégorie.

– Une allégorie de quoi?

– De cette vie fictive.

– Et où n'est-ce pas fictif?

– Chez Dieu», dit-il avec un petit rire.

Il n'observait ni le culte chrétien ni nos commandements et pourtant une religiosité qu'il avait acquise au monastère se manifestait dans tout son être. Parfois il me semblait qu'il attendait le moment où il serait autorisé à prier. Une fois ou deux par semaine, nous nous enfermions pour jouer. Les moines lui avaient enseigné le jeu. Il jouait avec une concentration qui s'amplifiait au fur et à mesure que le jeu se compliquait. Sa concentration était tranquille, sans précipitation, et il était visible que les années passées au monastère l'avaient doté de qualités qui me faisaient défaut.

À trois heures et demie, le réveil interrompait notre réclusion. Mordechaï ouvrait la porte, remontait les stores, et les premiers clients surgissaient aussitôt. Je restais un peu bêtement assis à ma place, observant ses gestes. Ses propos près de la caisse enregistreuse étaient mesurés: des chiffres, et encore des chiffres.

Un jour, il me raconta qu'après les matines il travaillait au jardin avec les moines. Il aimait ce travail.

La langue me brûlait:

«Et pendant le travail vous ne parliez pas?

— On ne parle pas au monastère.

— Et si on souhaite parler?

— On ferme les yeux et on dit: "Jésus notre Seigneur, délivre-moi des mauvaises pensées et prends-moi sous ton aile."»

Parfois il me semblait que sa vraie vie était enfouie au monastère, et que ce qui était venu ensuite n'avait été qu'un retranchement. Ce retranchement n'avait pas enterré sa vie antérieure mais l'avait conservée, et lorsqu'il parlait de son enfance il ne le faisait pas au passé. À cet égard, et à bien d'autres, nous étions semblables. En moi aussi un sentiment sourd disait qu'un jour je pourrais prier. La religiosité de Mordechaï avait une base solide. Lorsqu'il disait les mots «prière» ou «jeûne», il parlait d'expérience.

Il me raconta encore que près du monastère coulait un ruisseau. En été il descendait s'y baigner. Chaque chose qu'il me racontait ou à laquelle il faisait allusion avait un fondement solide et rattaché à la terre, y compris lorsqu'il parlait de sujets d'importance universelle.

En 1972, il quitta Jérusalem pour s'installer dans une coopérative agricole. J'ignore pourquoi il quitta la ville. Parfois je sens que certains de ses gestes se sont installés en moi. Il m'arrive d'utiliser des mots qu'il utilisait. Mordechaï n'avait pas terminé le lycée, ni étudié à l'université, mais les études au monastère avaient imprégné son âme. La vie là-bas l'avait orienté vers le peu et le nécessaire, et cette règle était toujours sienne: moins et encore moins de paroles. Comme si le péché originel était dissimulé dans les mots.

29

Hier j'ai rencontré le fils de T., un ami avec lequel j'ai erré
vers la fin de la guerre puis après, pour monter en Israël; nous
avons fréquenté quelque temps ensemble la Alyat Hanoar.
Son fils lui ressemble tant que je me suis trompé un instant et
que je l'ai confondu avec son père.

Je l'ai invité à prendre un café. Il a vingt-sept ans, il est
ingénieur en électricité, il a passé deux ans aux États-Unis
pour compléter sa formation. Un jeune homme grand, fin,
tout empreint de politesse. Depuis son adolescence, il a
excellé dans les études, il est à présent dans la recherche.
Voilà des années, depuis qu'il était élève au lycée, que je ne
l'avais pas vu et je me réjouis de le rencontrer.

Avec son père je suis lié par les liens du destin et de l'âme.
Nous avons passé ensemble notre enfance dans un quasi-
mutisme. Nous avions peur de parler notre langue maternelle et il nous était étrange d'en parler une autre. La plupart
du temps, nous nous taisions ou communiquions par gestes.
Quoi qu'il en soit, nous étions de proches amis, et même si
nous parlions rarement, j'en savais beaucoup sur lui et sa
famille, car entre deux silences nous parlions tout de même
un peu.

Les années de guerre puis de vagabondage en Europe furent des années aveugles pour les enfants. La vie n'avait cessé de nous donner des coups. Nous avions appris à nous recroqueviller. Si nous trouvions un abri, nous y rampions. Nous ressemblions à des animaux, sans les instincts agressifs ni l'audace. Après chaque coup nous prenions la fuite. Nous ne savions même pas crier.

Lorsque, au terme de deux années d'errance, nous arrivâmes sur les rivages italiens, le soleil et l'eau furent les premiers éléments amicaux qui nous accueillirent avec bienveillance. Sur cette plage vide, au grand air, l'hiver commença à tiédir en nous. Mon ami T. en était si ému qu'il refusait de sortir de l'eau, y compris la nuit. Dans l'eau chaude nous ressentîmes notre première liberté, et les premiers mots jaillirent. C'est sur cette même plage inconnue, à l'air libre, que je vis la main maigre et livide d'un commerçant juif qui, d'un geste, exprima la vérité essentielle de la guerre: Qu'y a-t-il à dire?

Nous restâmes trois mois sur ce rivage. Nous en avions vu beaucoup, nous en avions entendu beaucoup, mais l'âme était verrouillée, et ce n'est que plus tard, dans des rêves profonds, que les scènes s'éclaircirent quelque peu pour nous. Mon ami T. et moi étions occupés par la pêche. Nous avions fabriqué des filets à partir de chiffons. Miraculeusement, chaque jour nous réussissions à attraper quelques poissons. La nuit nous allumions un feu et les faisions griller. Nous nous blottissions dans la nuit, l'eau et le feu s'écoulaient en nous, épais et sombres. Nous ne savions pas alors que c'était là la résurrection

Nous montâmes dans le même bateau et nous restâmes quelque temps ensemble à la Alyat Hanoar. Là, mon ami s'éloigna et se replia sur lui-même. J'essayai de me rapprocher de lui mais il me repoussa. À cette époque, il luttait contre lui-même et contre les démons qui l'assaillaient. Son visage semblait supplier: «Laisse-moi, je suis obligé maintenant d'être seul avec moi-même.»

Finalement il quitta la Alyat Hanoar et partit travailler à Tel-Aviv, dans un magasin de chaussures. Je le voyais quelquefois, mais nous ne parlions pas beaucoup. Il était difficile de savoir s'il était satisfait de sa nouvelle fonction et cependant je distinguais dans son visage quelques traits violents: un grincement de dents, peut-être, ou bien de la colère.

Après la période de la Alyat Hanoar et l'armée, nos liens se sont défaits. Chacun de nous luttait avec sa détresse, et les rencontres se firent plus rares. T. était issu d'une famille de mécréants. Son grand-père s'était coupé de la communauté et avait embrassé une autre culture, étudié la médecine et renié son propre père. Pendant la guerre, chez nous en tout cas, on ne distinguait pas les Juifs des mécréants. Les mécréants aussi étaient emprisonnés dans les ghettos et envoyés dans les camps. Lorsque j'avais rencontré T. pendant la guerre, il était comme moi: c'était un orphelin de onze ans, errant en été dans les forêts et cherchant refuge en hiver chez un paysan qui avait besoin d'aide. Lorsqu'il me révéla son nom, je fus stupéfait: dans notre ville, il était légendaire.

Mon ami réussit très bien dans les affaires. Je ne m'en étonnai pas. Nous tous, ou plus exactement une grande partie d'entre nous, étions arrivés enfants, après la guerre, et nous réussissions dans la vie matérielle. Je me rends compte régulièrement à quel point nous avons réussi. On trouve parmi nous des industriels, des juristes, des militaires, des scientifiques, et bon nombre occupent le sommet. On ignore souvent qu'à la tête d'une grande entreprise il y a peut-être un homme qui était un enfant durant la Shoah, puisque la plupart d'entre eux n'en parlaient pas, et aujourd'hui encore tendent à dissimuler ce fait. Mon ami T. est propriétaire d'une usine de chaussures. On dit que, ces dernières années, ses exportations sont au plus haut. Il a une maison à Herzelya Pituah et un appartement à Jérusalem. Je fus un témoin lointain de son ascension vertigineuse. Au début de sa réussite, je ne le vis presque pas. T. était tout à son entreprise et aucune autre pensée ne l'effleurait. Ces derniers temps, nous parlons plus de ces années-là, non pas de façon ordonnée mais comme en appendice aux sujets quotidiens. Lors d'une rencontre, mon ami me confia qu'il avait souhaité étudier à l'université, qu'il s'était même inscrit à un cours du soir qui préparait au baccalauréat, mais c'est alors précisément que ses affaires avaient commencé à prospérer et le projet fut annulé. Mais il a une grande bibliothèque chez lui. Il s'intéresse à la philosophie, à la littérature, aux arts plastiques et à la médecine. Il me surprend souvent par ses connaissances. Il est en concurrence avec moi, je suppose, et peut-être pas seulement avec moi mais aussi avec son père et son grand-père. Comme pour leur prouver et me prouver qu'on peut être riche tout en étant lettré.

Le fils de mon ami est un jeune homme aimable, délicat,

ressemblant plus à un jeune Juif d'Europe qu'à un jeune né en Israël. Sa pensée est claire, il formule ses propos avec précision.

Je lui ai raconté, j'ignore pourquoi, les forêts dans lesquelles nous avions erré, son père et moi. Je supposais, inexplicablement, que son père lui avait raconté quelque chose de nos séjours communs là-bas. Il s'avéra que je me trompais. Son père ne lui avait rien raconté, et même moins que rien. Il ne connaissait ni la région dans laquelle nous étions nés, ni celle où nous avions été déportés, ni ce qui s'y était passé.

«Tu n'as pas posé de questions? m'étonnai-je stupidement.

— Si, mais mon père se dérobait.

— Tu as entendu parler de ton grand-père?

— Un peu», dit-il, et une rougeur apparut sur ses joues. Il apparut que son père ne lui avait dit que très peu de choses, et à présent cet homme grand et beau vivait en ignorant tout de cette patrie montagneuse où étaient nés son père, le père de son père, et les générations qui les avaient précédés. On peut supposer qu'une trace de ses grands-parents inconnus réside dans l'âme du fils mais il n'en sait rien. Il n'y a aucune chance que son père prenne le parti de tout lui raconter maintenant. Et même s'il le faisait, ce serait contraint par quelqu'un d'autre. Ce qui n'a pas été dit en temps voulu est perçu, en d'autres temps, comme une pure fiction.

Les gens de ma génération ont très peu parlé à leurs enfants de leur maison, et de ce qui leur était advenu pendant la guerre. L'histoire de leur vie leur a été arrachée sans cicatriser. Ils n'ont pas su ouvrir la porte qui menait à la part obscure de leur vie, et c'est ainsi que la barrière entre eux et leurs descendants s'est érigée. Il est vrai que, ces dernières années, ceux de ma génération tentent d'ébranler la muraille qu'ils ont construite de leurs propres mains, mais c'est un ébranlement infime, la barrière est épaisse et fortifiée, il est douteux qu'elle puisse être ébranlée.

«Tu n'as jamais parlé de cela avec ton père?» entend-on parfois.

«Nous en avons parlé, mais toujours en passant.» Cette phrase aussi est fréquemment entendue.

Je connais très bien ce sentiment d'effleurement. Chaque fois que vous êtes enfin prêt à parler de ce temps-là, la mémoire fait défaut et la langue se colle au palais. Et puis, vous ne dites rien qui vaille. Il arrive parfois que les mots commencent à jaillir de votre bouche, vous racontez, vous abondez, comme si un cours d'eau bouché s'était ouvert. Mais vous vous rendez compte aussitôt que c'est un écoulement plat, chronologique et extérieur, sans flamme intérieure. La parole coule, coule, mais vous ne révélez rien et vous sortez de là tête basse.

Je lui parlai du dernier automne que nous avions passé dans la forêt, de l'effort pour garder la chaleur du corps, du feu que nous nous risquions à allumer car le froid menaçait de nous geler.

Et un instant il me sembla que, si je réussissais à lui raconter correctement l'histoire de la forêt, il comprendrait également le reste, tout ce qui en découlait. Comme un fait exprès, je ne trouvai pas les mots. Tous les mots qui étaient dans ma tête s'étaient comme évaporés et je répétai ce que j'avais déjà dit: «Il faisait froid, et malgré le danger nous allumions un feu.

— Deux enfants dans une forêt, c'est incroyable», dit-il, comme s'il le comprenait pour la première fois.

C'est incroyable, en effet. Chaque fois que vous racontez ce temps-là, un sentiment d'incrédulité vous étreint. Vous racontez, et vous ne croyez pas que la chose vous est arrivée. C'est l'un des sentiments les plus révoltants que je connaisse. Le fils de mon ami T. est un jeune homme sensible, attentif, et j'aurais tant aimé lui en dire plus. Je ne savais par où commencer. L'histoire de ma vie et l'histoire de la vie de T. m'apparaissaient curieusement comme une seule et même histoire, lointaine, complexe, retranchée dans sa forteresse, quasi impénétrable. Je dis deux ou trois choses, mais elles me semblèrent banales et – plus grave encore – hors sujet.

«Et ton père ne t'a rien raconté? répétai-je comme un imbécile.

— Presque rien.»

La chose m'était pourtant connue. Aucun de mes amis n'avait parlé, et s'ils l'avaient fait, c'était uniquement pour se débarrasser d'une corvée. Je le savais, et pourtant cette dissimulation m'étonna comme toujours.

Le grand-père de mon ami était un célèbre médecin, un homme noble et dévoué corps et âme aux pauvres. Le fils de T. connaît ce fait, mais il n'a pas eu connaissance du conflit pénible et tortueux, étendu sur des années, qui opposa le médecin célèbre à son père, le célèbre rabbin. Chez le médecin, des gens venaient se faire examiner et demander des médicaments gratuits, et chez le rabbin venaient des malheureux qui souhaitaient être soulagés de leur détresse. Celui-ci croyait aux médicaments et aux opérations, et celui-là à la prière et à la tsedaka. Entre deux fuites, T. m'avait raconté bon nombre de détails sur ce conflit pénible. Déjà à l'époque, j'avais senti que quelque chose de ce conflit subsistait en lui. À son fils, quoi qu'il en soit, il n'avait rien raconté. Cette affaire était restée le secret scellé de T.

J'étais assis face au fils de T. et bien des pensées m'assaillaient. La vieille peur que l'histoire de nos vies, la mienne et celle de mon ami T., et l'histoire des vies de nos parents, et des parents de nos parents, ne soient ensevelies sans qu'il en demeure aucun souvenir, cette peur me fait trembler parfois la nuit. Pour me libérer de cette détresse, je lui racontai les Carpates où ont vécu nos parents, et les parents de nos parents sur des générations, la terre du Baal Chem Tov. Il avait entendu parler du Baal Chem Tov au lycée. Je ne cessais de contempler son visage, et bien qu'il fût un ingénieur plongé dans le monde de la production, ce visage témoignait qu'on pouvait aborder avec lui des sujets de l'esprit. Il était sensible et attentif. Les mots «Dieu», «foi» et «prière» ne le faisaient pas fuir. Au contraire, il était manifeste qu'il souhaitait en savoir plus, mais c'est moi qui avais du mal à rapporter des faits, à extraire de ce magma un détail éclairant. J'avais les jambes en coton, comme si j'avais raté un examen très simple.

«Ton arrière-grand-père était un rabbin très célèbre», dis-je, et je sentis aussitôt que je mettais sur les épaules de ce jeune homme un poids injuste, et je le regrettai. Ce jeune ingénieur affecté à la recherche dans l'un des instituts secrets avait déjà sa propre vie, son père n'avait pas su comment lui transmettre sa vie et la vie de ses pères, et moi, dans ma grande stupidité, j'essayais d'éveiller en lui une curiosité qui n'avait pas lieu d'être.

Par politesse, et peut-être par désir de me faire plaisir, il posa une question sur le rabbin, et je bégayai, et je me sentis tel un ver de terre, un être mauvais.

30

À l'association «La vie nouvelle», fondée en 1950 par des survivants de Galicie et de Bucovine, se déroulait une passation de pouvoir. Les rescapés, qui avaient dirigé le club avec sagacité pendant des années, s'étaient fait vieux et souhaitaient transmettre cet «héritage» à des gens qui avaient été enfants pendant la guerre. La cérémonie fut joyeuse et tendue, des discours furent prononcés par les deux parties et, comme toujours dans ce genre d'occasion, les sentiments se firent bruyants, il y eut des éclats et des interpellations. Les rescapés firent prêter serment aux «enfants» (ils étaient appelés ainsi bien qu'ils fussent déjà âgés de trente ans et plus) de se souvenir et d'entretenir le lieu. Les «enfants» étaient plus retenus. Ils parlèrent, certes, de la nécessité de poursuivre la tâche mais ils ne s'engagèrent pas. Il y eut quelques discours brefs, factuels, qui donnèrent la chair de poule compte tenu des faits qu'ils évoquaient.

Je me souviens du lieu presque à ses débuts. J'avais vingt ans, c'était après mon service militaire. Je n'avais personne en Israël et j'entrais là parfois pour boire un café, jouer aux échecs ou écouter une conférence. À l'association, on parlait yiddish, polonais, russe, allemand et roumain. Je comprenais ces langues, et l'endroit fut pour moi un substitut de maison. Tout ce temps-là, alors que je n'y avais aucun rôle, je continuais à venir. J'étais au fait de ce qui s'y passait, je savais qui était tombé malade et qui avait quitté ce monde. Les membres de l'association aussi s'intéressaient à moi, ils lisaient mes histoires parues dans les journaux et les critiques écrites sur mes livres.

Dans les années cinquante, les débats étaient violents, et pas seulement dans les kibboutzim. En ville, dans les cercles qui avaient poussé comme des champignons, on se disputait, on amoncelait les clichés, les opinions sentencieuses, on sauvait de l'oubli des slogans. Celui qui avait été communiste dans sa ville natale avait vu sa foi communiste se renforcer, celui qui était révisionniste* ne pardonnait ni aux communistes ni au mouvement ouvrier Poaleï Tsion. Les débats ne se déroulaient pas uniquement près des tables où l'on prenait le thé, ou de celles où l'on jouait aux échecs. Dehors aussi, dans la rue, on continuait à débattre, parfois jusqu'après minuit.

Comme toute organisation, «La vie nouvelle» avait un président, un vice-président, un secrétaire, un trésorier et, bien entendu, diverses commissions. Les gens cherchaient là un peu de pouvoir, un peu d'honneur, et, comme dans toute organisation, le but dans lequel l'association avait été créée était oublié. Ils passaient leur temps dans des réceptions, se bombardaient d'accusations, il y avait des exclusions et des démissions, comme s'il s'agissait là d'un club banal, et non d'une association de rescapés.

Mais ce n'est là qu'une facette. L'association organisait des cérémonies du souvenir à la mémoire de shtetls et de petits villages perdus, éditait des livres de souvenirs, organisait des colloques, faisait venir des États-Unis et du Canada de riches rescapés pour les atteler à la tâche. Il y avait aussi des soirées de chant en yiddish et ils fondèrent même un prix littéraire pour encourager ceux qui se piquaient d'écrire.

Ces années-là, j'ai rencontré dans l'association quelques personnes merveilleuses, des gens remarquables, qui ne prenaient pas part aux disputes, ne recherchaient pas les honneurs et n'exigeaient rien pour eux-mêmes. Ils s'asseyaient près des tables, et leurs yeux rayonnaient d'un simple amour de l'homme. Ils passaient des heures dans des hôpitaux et autres asiles mais ils trouvaient aussi le temps de venir à l'association, d'apporter des bougies en mémoire des morts, ou des rafraîchissements pour le plaisir. La grande catastrophe, de celles qui étouffent en général la candeur et la droiture, ne les avait pas entamés. Plus encore: elle avait ajouté de la lumière à la lumière qu'ils avaient en eux.

Et ce fut ainsi, mois après mois. Puis vint le temps du paiement des réparations par l'Allemagne, et l'association s'enfiévra de nouveau. Certains accusaient Ben Gourion d'avoir vendu son âme au diable, tandis que d'autres revendiquaient que les assassins n'héritent pas de surcroît. À un moment, l'association fut au bord de la scission. Le schisme n'eut pas lieu grâce au camarade Sh., qui avait été à la tête du Judenrat dans la petite ville de P. et qui était sorti de l'épreuve sans taches. Certes, la majeure partie des habitants de la bourgade furent exterminés, mais il parvint à sauver le quart d'entre eux. Grâce à ce sauvetage, et à d'autres choses encore, les gens le respectaient et écoutaient poliment ses paroles. Ainsi, la division ne se concrétisa pas, mais les disputes ne cessèrent pas pour autant. Des clans et des sous-clans se formèrent, des gens ne s'adressaient plus à quelques personnes bien précises que pour les traiter de fauteurs de troubles et d'autres qualificatifs hargneux.

À l'époque, j'allais presque chaque soir au club. La plupart des membres avaient vingt ou trente ans de plus que moi et pourtant je m'y sentais comme à la maison. J'aimais les soirées de chant, les conversations, les conférences, mais plus que tout j'aimais les visages. Ils me rappelaient non seulement ma vie perdue dans les plaines d'Ukraine mais les années d'avant-guerre. Là j'avais des parents, des grands-parents, des oncles et des cousins. Comme s'ils s'étaient tous rassemblés avec moi.

Dans les années cinquante, j'écrivais des sortes de poèmes et de temps à autre j'étais prié par le comité de l'association d'en faire la lecture à l'occasion d'une commémoration. La plupart des membres m'appréciaient et m'encourageaient. J'eus même droit à une petite bourse, couvrant en partie les frais de ma première année d'étude à l'université, mais certains membres s'opposaient déjà à mon écriture. Ils prétendaient que, sur la Shoah, il n'y avait pas lieu de composer des poèmes, d'inventer des histoires, mais qu'il fallait évoquer des faits. Ces remarques, qui contenaient une certaine vérité et aussi une dose de méchanceté, me blessaient, même si je savais qu'une longue route m'attendait, et que je n'en étais encore qu'au commencement.

Si les «tenants des faits» avaient été prêts à m'écouter un

instant, je leur aurais de nouveau raconté que j'avais sept ans lorsque éclata la Seconde Guerre mondiale. La guerre s'était terrée dans mon corps, pas dans ma mémoire. Je n'inventais pas, je faisais surgir des profondeurs de mon corps des sensations et des pensées absorbées en aveugle. À présent je le sais: même si j'avais su alors formuler mes pensées, cela n'aurait pas aidé. Les gens réclamaient des faits, des faits précis, comme si en eux résidait le pouvoir de résoudre toutes les énigmes.

Déjà à l'époque je savais que les êtres ne changent pas. Même des guerres terribles ne les changent pas. L'homme se barricade derrière ses croyances et ses vieilles habitudes, il n'en sort pas facilement, et plus encore: toutes les faiblesses, les envies, les tromperies, les moyens pour parvenir à ses fins, les dissimulations ne disparaissent pas après les grandes catastrophes; parfois, et la honte m'étreint lorsque je le dis, ils se renforcent. La lutte pour le poste de vice-président du club en 1953 en fut une preuve. Deux commerçants aisés se disputaient le titre. Ils ne reculèrent devant aucun moyen, y compris la corruption. Les gens protestaient vainement: «Ce n'est pas beau, souvenez-vous d'où nous venons, il faut donner l'exemple.» Les pulsions sont toujours plus fortes que les valeurs et les croyances. Il n'est pas facile d'accepter cette simple vérité.

Les années passèrent, quelques membres tombèrent malades, furent hospitalisés, et le comité organisa un roulement pour leur rendre visite. Certains quittèrent ce monde et le comité s'occupa d'élever des stèles commémoratives au club. L'un des membres, richissime, légua tous ses biens à l'association. On apposa aussitôt une grande plaque de laiton à l'entrée du club, qui portait désormais le nom du riche donateur. À ce sujet aussi eut lieu une discussion amère. Certains affirmaient que ce n'était pas bien de donner à une institution gardienne de la mémoire des victimes le nom d'un personnage qui s'était enrichi de façon douteuse. Le comité avait adopté une position univoque: si on gratte bien, disait-il, on trouvera en chacun de nous un criminel.

À l'ouverture du club, les membres venaient avec leurs enfants, en particulier les shabbats et les jours de fête. Beaucoup pensaient qu'il fallait mettre à leur disposition une pièce où ils étudieraient la Bucovine, la Galicie, et tout ce que ces régions avaient apporté au judaïsme et au monde. Pourtant le projet ne se concrétisa pas. Les enfants grandirent et cessèrent de venir, et peu à peu se répandit l'idée qu'il ne fallait pas les forcer. De toute façon ils ne comprendraient pas. Et peut-être valait-il mieux qu'ils ignorent quel avait été le destin des grands-parents et des oncles. Or un garçon de sept ans environ, du nom de Samuel, venait s'asseoir entre les tables et écoutait les conversations avec curiosité. Il était certain qu'il viendrait encore ici lorsqu'il aurait grandi. Il ressemblait à son père mais, contrairement à lui, un homme vif et actif, le fils était calme et perplexe. Il était difficile de savoir si cette perplexité était le fait de la curiosité ou juste de l'idiotie. Quoi qu'il en soit, Samuel n'avait pas l'apparence d'un petit Israélien, comme s'il avait été amené tout droit d'un shtetl galicien.

En 1962 parut mon premier livre, *Fumée*, qui reçut des critiques favorables. À l'association on se réjouit et on me félicita. Les adhérents du club lisaient les journaux assidûment mais pas de livres, en particulier ceux qui avaient trait à la Shoah, et ceux qui lisaient n'étaient pas pleinement satisfaits de mes livres. Les personnages de mes livres leur semblaient grisâtres, plongés dans leur passé, vivant une vie banale. Où étaient les héros? Où étaient les révoltés des ghettos? Certains, à l'esprit vulgaire, rappelaient à qui voulait bien les entendre que j'avais obtenu une bourse d'étude par deux fois, et si c'était là le résultat, mieux eût valu ne pas me soutenir. Mais la plupart, comme je l'ai dit, me soutenaient, m'encourageaient, et ils promirent même d'acheter un exemplaire. Ce n'est que plus tard que je compris qu'il était difficile de retourner sur les lieux de tant d'épreuves. Cette prise de conscience ne me mit pas en colère.

À la veille de la guerre des Six Jours, une grande agitation régnait au club. Certains membres qui n'avaient pas parlé pendant des années, ou parlaient peu, s'inquiétaient de la catastrophe qui, selon eux, approchait, mais la majeure partie du club était contre cet état d'esprit. «On ne peut pas comparer les époques, affirmaient-ils. À présent nous avons une armée qui viendra à bout de l'ennemi.»

Je fus mobilisé comme réserviste et les membres du club réagirent avec émotion. Des gens me fourraient des billets dans les poches, et l'un des adhérents les moins populaires, en raison notamment de son avarice, ôta la montre en or qu'il portait au poignet et dit: «En mon nom, et au nom de ma famille.» Plus tard, j'appris que la montre avait appartenu à son frère disparu à Auschwitz.

À présent je savais que le club était ma maison. Tous les reproches et les remarques que j'avais gardés en moi s'étaient envolés comme s'ils n'avaient pas existé. Je sentais la chaleur et le dévouement, et je partis effectuer mon service entièrement confiant dans la vie.

L'attente fut dure et longue. Lorsque je revins au club, à la faveur d'une permission, je remarquai que les fantômes étaient de nouveau sortis de leurs abris, que de nouveau étaient évoqués des noms de lieux qu'on avait tus pendant des années, qu'on reparlait de convois, de rafles, de trains et de forêts. Les optimistes tentaient vainement de juguler les peurs. Mais les peurs étaient puissantes et parlaient la même langue que les visions qui ressurgissaient. Même les plus forts disaient que leurs nuits n'étaient plus comme avant. Il y avait aussi des procureurs qui affirmaient sans relâche que tout était notre faute, la faute à notre caractère, et que si le monde entier était contre nous, cela signifiait que quelque chose de mauvais était en nous. La preuve: même un État et une armée ne nous avaient pas régénérés.

À la fin de la guerre des Six Jours, il y eut une grande exaltation, on parlait de miracles et de renouveau spirituel. Un rescapé qui avait fait fortune en Amérique fit un don conséquent pour créer une nouvelle aile et le club, qui avait commencé ses activités dans une vieille bâtisse comprenant deux chambres et une cuisine, se développa, s'étendit, se dota d'une bibliothèque, d'une salle de presse, d'une salle de conférence, de lieux de repos et d'une cafétéria où étaient servis des sandwiches, de la soupe et un café raffiné.

Les années soixante furent de bonnes années pour le club. Des cours de Bible et de littérature talmudique furent créés, il y avait de nombreuses conférences en yiddish. Ce faisant, des livres en nombre parvinrent des États-Unis et du Canada, et la bibliothèque s'agrandit considérablement. On fit aussitôt venir un bibliothécaire expérimenté de la Bibliothèque nationale afin qu'il enseigne à notre bibliothécaire les nouvelles méthodes de classement. Le bibliothécaire D., qui avait été avant la guerre professeur au lycée de Lvov, se réjouissait comme un enfant à la vue de chaque livre. Il y avait dans la bibliothèque quelques éditions originales reliées en cuir : elles faisaient la fierté du bibliothécaire et du club.

Après la guerre des Six Jours, on put croire, peut-être grâce à l'agrandissement du club, que la culture juive d'Europe de l'Est avait trouvé ici un point d'attache, et que le complot du Mauvais avait été jugulé. Le poète Sh., l'un des plus célèbres, écrivit un poème exalté intitulé «Continuité». Un soir il le lut à la cafétéria et tous s'identifièrent à lui.

Et il y avait aussi des désagréments : quelques diables sous forme de dénonciateurs. L'un d'eux transmit à la direction des impôts une liste de gens qui se livraient à un trafic de devises étrangères. Les recherches et l'enquête s'étendirent jusqu'au club. La dénonciation provoqua des soupçons et des altercations. Finalement on désigna un homme modeste aux manières agréables, du nom de K., qui possédait une petite mercerie. Ce dernier affirma qu'il n'avait aucun lien avec les impôts, que la médisance était une malveillance et une forme de harcèlement, et que le méchant responsable de cette rumeur rendrait un jour des comptes. Sa défense ne lui servit en rien, elle ne fit qu'augmenter la vague d'hostilité à son égard, et finalement une assemblée générale fut réunie, où il fut décidé de le suspendre de l'association à la majorité des voix. À la fin du vote, l'homme éleva la voix et cria: «Vous rendrez des comptes dans le monde de la Vérité. Là-bas, aucun d'entre vous ne sera acquitté.» Tandis qu'il vociférait encore, le gardien le saisit et le fit sortir.

Les années soixante-dix furent de sombres années pour l'association, et pas uniquement à cause de la guerre du Kippour. Quelques-uns des membres les plus célèbres moururent, d'autres furent hospitalisés dans des maisons de retraite éloignées, et le club, qui par le passé grouillait de monde, vit ses rangs s'éclaircir. Les activités, certes, se poursuivaient normalement et un cours de yiddish pour les jeunes fut même ouvert, mais l'enthousiasme avait diminué. On n'envisageait plus l'édition de nouveaux livres, journaux ou périodiques. On parlait beaucoup de la deuxième génération qui ne savait rien de la Shoah et ne voulait pas savoir. Il s'en trouvait même pour s'accuser de ne pas avoir dit à leurs enfants ce qu'il était de leur devoir de leur raconter. Et il y avait, bien sûr, une partie non négligeable de membres exaltés qui luttaient de toutes leurs forces contre les pessimistes, les blâmaient et les accusaient de semer des mauvaises pensées et de faire échouer l'action.

Dans les années soixante-dix, immédiatement après la guerre du Kippour, une grande crainte se répandit: si la littérature yiddish n'était pas traduite en hébreu, elle serait amenée à disparaître. C'est dans cet esprit que deux personnes partirent pour les États-Unis, le Canada et l'Argentine afin de mobiliser des fonds et de mettre sur pied une équipe de traducteurs qui traduiraient la langue maternelle dans la langue éternelle. La mobilisation ne réussit qu'en partie.

En 1975, le comédien R., sa sœur et ses deux neveux — également acteurs — arrivèrent d'Amérique. On définit aussitôt leur place dans l'association. R. dépassait de loin tous les autres, il aimait les Juifs et leur langue. Dans sa jeunesse il aurait pu faire carrière en Pologne et plus tard aux États-Unis. Les théâtres du monde entier le courtisaient, mais il était attaché à sa langue maternelle, à sa sœur et ses deux neveux, ensemble ils se déplaçaient d'un endroit à l'autre, dressaient une estrade et jouaient. Depuis la fin de la guerre, son attachement était exclusif: le yiddish, et rien que des pièces en yiddish.

Dès son arrivée, on monta *Le Dibbouk* et *Bountché, tais-toi*. R. était un excellent comédien, et de surcroît un orateur enflammé. Il affirmait que l'Amérique était la terre des illusions et que ce n'était qu'en Israël que la culture juive ressusciterait. À la grande joie de tous, non seulement des rescapés de la Shoah venaient à ses représentations, mais aussi des jeunes. Le club fêtait l'événement jusque tard dans la nuit. La cafétéria était pleine à craquer.

Dans les années soixante-dix, je menais une lutte pénible avec des souvenirs d'enfance enfouis et avec la forme romanesque. Ces années-là, j'écrivis, entre autres, *Le Temps des prodiges* et *La Brûlure de la lumière*. Je lisais quelques passages au bibliothécaire P. Il s'intéressait à la littérature moderne, était sensible aux mots et aux nuances. De lui j'ai appris un chapitre important de ce que l'on peut nommer le «Traité de l'accessoire et du secondaire». L'université est un lieu d'étude important, mais pas une école pour écrivains. L'apprentissage littéraire se passe entre soi et soi, ou entre soi et des êtres dont l'âme provient de la même racine. P. me connaissait mieux que je ne me connaissais moi-même. Il savait ce qui me dérangeait dans un texte avant que je puisse désigner précisément l'endroit. Il trouvait toujours le défaut caché. Étrangement, nous ne parlions jamais des contenus. Il croyait, tout comme moi, que le choix des mots, la phrase, le flux étaient finalement le sang et l'âme, et que le reste venait ensuite de lui-même.

Au début des années quatre-vingt, les rangs de l'association s'éclaircirent encore. Les rapports de forces, certes, ne cessèrent pas, même s'il était clair que les anciens ne tiendraient pas longtemps, et qu'était arrivée l'heure de les remplacer par ceux qui étaient enfants pendant la Shoah. Pourtant, l'ancien comité eut encore le temps d'éditer deux livres de mémoires épais et la troupe de l'acteur R. monta deux nouvelles pièces. Mais le propriétaire de la cafétéria se plaignait que le chiffre d'affaires quotidien fût ridicule et, s'il ne recevait pas de subventions, il quitterait les lieux. Les anciens lui rappelèrent que pendant des années il avait amassé une fortune et qu'il s'était fait construire une maison luxueuse. Le propriétaire de la cafétéria rétorqua qu'il avait construit la maison de ses propres mains, brique après brique. S'il avait été dépendant de l'argent que la cafétéria lui faisait gagner, il aurait habité une cabane.

Vers la fin des années quatre-vingt, il ne restait plus qu'une poignée de membres anciens, et une grande inquiétude régnait concernant la bibliothèque et les exemplaires de collection qu'elle contenait. Quelques membres suggérèrent de transformer l'endroit en synagogue et d'y dispenser des cours quotidiens, mais les militants du Bund et les anciens de Poaleï Tsion s'opposèrent violemment à cette proposition et menacèrent de mobiliser leurs camarades de l'étranger. Le débat fut tumultueux. Finalement le projet fut abandonné.

À cette même époque, le comité décida de présenter sa démission et une nouvelle direction fut élue. Dans le nouveau comité siégeaient des rescapés qui avaient été enfants durant la Shoah et qui se souvenaient de peu de choses. Ils ne se souvenaient même pas de leurs parents. À leur arrivée en Israël, ils avaient ignoré l'association voire l'avaient méprisée, mais en mûrissant ils avaient compris que, même s'ils avaient été des enfants pendant la guerre et ne se souvenaient pas de grand-chose, ils appartenaient au club.

La cérémonie de passation de pouvoir fut placée sous le signe de l'émotion. Deux membres du comité sortant évoquèrent d'une voix étranglée la place qu'avait occupée cette maison dans leur vie et dans la vie de leurs amis, et tout ce qui avait été fait ici les quarante dernières années, ce qu'ils avaient projeté de faire et n'avaient pas fait. Les dirigeants du nouveau comité étaient plus retenus et ne furent pas très éloquents, mais l'un d'eux, Yossef Haïm, révéla que, lorsque la guerre avait éclaté, il avait trois ans. Ses parents le confièrent à un couvent où il grandit. Il n'y avait pas d'autres enfants dans le couvent et durant toutes ces années il craignit de rester nain. Pourtant, les religieuses lui assuraient qu'il grandirait et qu'il serait semblable à toutes les créatures qui venaient au couvent mais leurs promesses ne diminuèrent en rien ses peurs. Il ajouta encore: «Des parents, je ne me souviendrai pas, ni de la maison, et sans la mère supérieure, qui nota les noms de mes parents, je n'en aurais pas eu connaissance.» À la fin il ajouta une remarque étrange: «Des Juifs pieux me découvrirent après la guerre, me firent sortir du couvent et m'emmenèrent ici. Je ne veux pas médire, mais je dirai ceci: ma vie chez eux ne fut pas heureuse.» Dans la salle régnaient un silence absolu et le sentiment que, depuis qu'on l'avait sorti de ce couvent, sa vie avait été brisée et ne s'était plus reconstruite.

Le nouveau comité ne connut pas de repos. Les anciens guettaient le moindre faux pas, et à chaque assemblée ils déposaient des contre-propositions, le mettaient face à ses erreurs, arguaient du fait que ses membres n'avaient pas connu la Shoah puisqu'ils étaient des enfants, et que les enfants ne se souviennent pas, et celui qui ne s'en souvient pas, c'est comme s'il n'avait jamais été là-bas. Le nouveau comité était prêt à rendre les clés, mais à qui?

L'activité au club se réduisit comme peau de chagrin. L'acteur R. et sa troupe eurent maille à partir avec les autorités culturelles du pays et retournèrent en Amérique, non sans provoquer au préalable un scandale. Ils traitèrent Israël de «pays qui dévore ses habitants, dénué de culture et vulgaire».

À son crédit, le nouveau comité tenta d'insuffler de la vie au club. On fit venir des classes d'écoliers et les anciens racontaient ce qui leur était arrivé pendant la guerre. Quelques groupes invités de l'étranger furent même amenés au club. Le propriétaire de la cafétéria menaçait toujours de fermer s'il ne recevait pas de subventions. Le comité l'apaisa en lui proposant de l'argent.

Malgré tous les efforts et les dons qui arrivaient, les dettes ne diminuaient pas: les dépenses courantes étaient plus importantes que les recettes. À la fin des années quatre-vingt, l'assemblée générale décida à une courte majorité de vendre les lieux à la yeshiva Shaarei Hessed, de payer avec cette somme les dettes qui s'étaient accumulées, et avec ce qui resterait, s'il restait quelque chose, de publier quelques livres de souvenirs.

Ainsi s'acheva la vie du club. Certains applaudirent la transaction, d'autres ne se retinrent pas de maudire le nouveau comité. Ce dernier avait pris soin de demander (et cela était stipulé dans le contrat) que la bibliothèque et la salle d'exposition fussent fermées jusqu'à ce que leur sort soit décidé. Les plaques de laiton à la mémoire des donateurs ne seraient pas enlevées et une bougie du Souvenir brûlerait toujours dans le hall d'entrée. La transaction ne fut pas effectuée aussitôt. Il y avait des amendements, des contre-amendements, mais finalement le contrat fut signé. Depuis que le club a fermé, j'évite de passer dans la rue où il se trouvait. Il me semble qu'une partie de mon être vit encore là-bas. Un ancien du club, avec qui j'aimais jouer aux échecs et que j'écoutais parler de sa vie pendant la guerre, me dit: «Mieux vaut une yeshiva qu'un club de billard. Dans une yeshiva on prie et on compulse des livres anciens.» Je ne savais si c'était une plainte ou une consolation.

Depuis que le club a fermé, j'ai perdu une maison. Je rencontre cependant d'anciens adhérents. Ils m'écrivent parfois de longues lettres, certaines sont des monologues, d'autres contiennent des critiques de mes nouveaux livres, et bien sûr de nombreux conseils, mais il n'y a rien de tel qu'une rencontre nocturne autour d'un plateau d'échecs ou un poker. Pendant le jeu, de nombreuses choses s'éclairent: qui a été fidèle et qui a trahi, qui s'est conduit en prince et qui a été aussi vil qu'une hyène.

Avec Hersh Lang, le plus étonnant des membres du club, j'ai passé de nombreuses heures autour de l'échiquier. Ce grand joueur insufflait à chaque partie une forte flamme. Un candide avec la naïveté d'un enfant, mais aux échecs c'était un magicien. Ses parties étaient brillantes de ruses, de trouvailles et de surprises. Il jouait parfois seul contre sept ou huit personnes réunies et bien sûr il gagnait. Un sourire timide s'épanouissait alors sur ses lèvres, un sourire d'enfant. Sa personnalité et son expression étaient cachées dans son jeu. Il ne savait pas parler, chaque fois qu'on s'adressait à lui il rougissait, bégayait et alignait péniblement quelques mots.

Après la fermeture du club, je le rencontrais parfois dans la rue et l'invitais à prendre un café. Il avait toujours dans sa poche un petit jeu d'échecs et me proposait une partie. Il ne fut jamais prétentieux et n'adoptait pas la posture d'un maître. Pendant la partie, il se tenait la tête à deux mains, se plongeait dans des calculs, comme si j'étais son adversaire le plus sérieux. Au fond de vous-même, vous saviez qu'il faisait cela pour vous. Pour accorder un peu de respect à vos efforts. De son côté, il n'avait pas besoin d'en faire. Mais avec lui les gens se conduisaient irrespectueusement. Il vivait de travaux comptables, de bilans destinés aux impôts. Il faisait son travail avec professionnalisme, droiture et discrétion, mais toutes ces qualités ne lui rapportaient que peu d'argent. Les gens le roulaient dans la farine, ne le payaient pas dans les temps, et lui, dans sa grande bonté, ne les harcelait pas. Il vivait dans une petite chambre près de l'ancienne gare routière.

Ces dernières années, sa situation financière s'est certes améliorée mais sa solitude s'est aggravée. Il est vêtu de façon plus négligée et marche voûté. Un jour, je lui ai demandé s'il était retourné au club.

«Non, dit-il timidement.

– Pourquoi?

– Que ferai-je là-bas…»

Il venait d'une famille très assimilée et, chaque fois qu'on lui posait une question sur un sujet juif, il rougissait, fuyait et bégayait, car il était étranger dans ce domaine. De temps à autre il s'enhardissait et posait une question sur une tradition ou un commandement, comme s'il s'intéressait à une chose qui lui était interdite.

Parfois il me semble que mon écriture ne m'est pas venue de la maison, ni de la guerre, mais des années de cafés et de cigarettes au club. La joie de sa fondation et la tristesse de son déclin vivent et bouillonnent en moi. Chaque être là-bas portait en lui une vie double, voire triple. Je me suis approprié un peu leur vie. Il y avait au club des gros, des maigres, des grands et des petits. Lang dépassait de loin les membres du club mais cela ne lui procurait aucun avantage. Il marchait toujours voûté, comme s'il souhaitait être de la même taille que les autres membres. À sa différence, le vice-président du club, le camarade D., grand lui aussi, profitait toujours de sa taille pour s'imposer et emporter la décision sur chaque sujet.

Il y avait beaucoup de gens au club. Des amis qui étaient proches de moi lisaient mes manuscrits et me faisaient des remarques intelligentes, des camarades qui jouaient au poker avec un art consommé, des commerçants qui dirigeaient des affaires florissantes avec la discrétion d'espions, des entremetteurs artistes qui avaient amassé une fortune considérable, et aussi des persifleurs, des hypocrites, des êtres vides, que la guerre et les malheurs n'avaient pas changés d'un iota, et qui assenaient toujours comme un fait exprès: «Nous ne changerons pas. C'est ainsi que nous avons été et que nous serons toujours.» Il y avait aussi les muets, les silencieux, auxquels vous extorquiez péniblement un mot. Et pendant des années, la vapeur des cafés brûlants et la fumée des cigarettes n'ont cessé de nous envelopper, pour nous conduire jusqu'ici.

Notes

Joint : appellation courante de l'American Jewish Joint Distribution Committee. Organisme caritatif juif américain fondé en 1914 pour venir en aide aux Juifs d'Europe.

Alyat Hanoar : organisation sioniste fondée en 1932 à Berlin. Sa mission était d'encadrer l'immigration d'enfants et d'adolescents vers la Palestine mandataire et de les former à la vie pionnière dans des structures parallèles aux kibboutzim.

Haskala : les Lumières juives. Ce courant de pensée (1780-1870), qui visait à encourager les Juifs à s'émanciper, voulait concilier conviction religieuse et intégration dans la société.

Littérature résurrectionnelle : courant littéraire qui prit la relève des Lumières et accompagna le mouvement sioniste, en Europe de l'Est, puis en Palestine mandataire, jusqu'à la création de l'Etat d'Israël en 1948. Loin d'être purement idéologiques, les textes de ce courant reflètent les contradictions d'un peuple errant sur le point de devenir une Nation politique. Sa figure de proue est le poète H. N. Bialik.

Palmach : cette branche de la Haganah (Organisation de Défense juive en Palestine mandataire), composée de combattants permanents, fut créée en 1941, lorsque menaçait l'invasion de la Palestine par la Wehrmacht. Plus tard, les anciens du Palmach formèrent une partie de l'élite israélienne.

Révisionniste : adepte du courant politique fondé par Vladimir Zeev Jabotinski (1880-1940). Celui-ci pressait les dirigeants sionistes de «réviser» leur attitude conciliante à l'égard des Britanniques qui, à ses yeux, ne respectaient pas les engagements de la déclaration Balfour (promettant la création d'un foyer national juif en Palestine).

COMPOSITION : PAO EDITIONS DU SEUIL

GROUPE CPI

Achevé d'imprimer en juin 2004 par
BUSSIÈRE CAMEDAN IMPRIMERIES
à Saint-Amand-Montrond (Cher)
N° d'édition : 439. - N° d'impression : 042600/1.
Dépôt légal : septembre 2004.
Imprimé en France